Lisa Lynn Ericson

SIMPLICIDADE
vibrante

PENSAMENTOS POÉTICOS DE UM FADO FELIZ

HELVETIA
ÉDITIONS

EDITORA
Jannini Rosa

CAPA
Matheus Ramos

REVISÃO
Da autora

DIAGRAMAÇÃO
Ronald Monteiro

DADOS INTERNACIONAIS DE CATALOGAÇÃO NA PUBLICAÇÃO (CIP)
(EDOC BRASIL, BELO HORIZONTE MG)

E68s   Ericson, Lisa Lynn.
       Simplicidade vibrante: pensamentos poéticos de um fado feliz / Lisa Lynn Ericson. – Cabo Frio, RJ: Helvetia Éditions, 2020.
       342 p. : 14 x 21 cm

       ISBN 978-65-88508-18-3

       1. Literatura brasileira – Poesia. I. Título.

                                     CDD B869.3

ELABORADO POR MAURÍCIO AMORIM JÚNIOR – CBR 6/2422

Citações bíblicas da versão Almeida Revista e Corrigida.
Copyright 2009 Sociedade Bíblica do Brasil.

HELVETIA ÉDITIONS
helvetiaedicoes@gmail.com
www.helvetiaeditions.com

SUMÁRIO

INTRODUÇÃO

O fado é a canção sentida no peito, expressando os lamentos eternos da alma. Ansiando por alívio nas vicissitudes da vida, o coração comove-se, não encontrando o destino desejado. A saudade aperta, e o final feliz vagueia, evitando uma resolução resplandecente. É o fado. Ponto final, com uma lágrima.

É essa a nossa cultura, e quem sou eu a fazer questão disso? Não estou imune a controvérsia entre o fado de Lisboa e o fado de Coimbra, o fado triste e o fado mais animado. Mas em qualquer lugar onde toca a guitarra, reina o eterno oxalá, a saudade que carregamos na alma e cujos anseios navegamos pelos séculos.

Quase ninguém ousa questionar os três mitos emblemáticos do povo português: Fado, Fátima e Futebol. É essa a fama de um povo que já atravessou os mares do mundo, descobrindo terras e que, no fundo, ainda hoje procura um destino deslumbrante. Pelo caminho, no campo, nos mares e ao som da guitarra, que tal da nossa fé em Deus? Poderá haver uma canção de amor que se instala de vez no nosso coração? Poderá o fado ser tão fixo como feliz? Eu insisto que sim. Eu sou uma mulher resgatada pela graça, pela compaixão, e assim encontro alegria nas entrelinhas dos desafios desta vida terrena. É dessa vida de amor e deleite de que canta a minha alma fadista, tão complexa como suave, tão vivaz como subtil. É simplicidade vibrante.

Escrevi todos estes poemas na minha mente enquanto caminhava, sem papel na mão, e com a alma cheia desse espírito de descoberta. Agora a viagem também é sua. Espero que os meus pensamentos poéticos toquem também a sua alma, tal qual uma guitarra comovente, e que as convicções entrelaçadas em cada linha sejam um impulso para uma vida de esperança sem fim. É um convite a uma viagem pelos mares do encanto.

Descubra essa esperança eterna, esse fado feliz que não se envergonha com as lágrimas, mas que também sabe sorrir no meio delas. E cante comigo desta simplicidade vibrante, pois o povo à nossa volta anseia por um som alegre e amável que atende à nossa saudade. O nosso fado é mesmo este.

NESTE ENTRETANTO

Quero escutar-te neste entretanto,
Venho vazia, em adoração.
Neste silêncio, neste sossego,
Despejo anseios e agitação.
Neste intervalo, humilde, aguardo.
Tantos mistérios não vou entender.
Tu és supremo, és soberano,
E cada pergunta tu podes responder.

A interrogação eu endireito,
Sabendo que teu plano persiste, perfeito,
E a exclamação que eu levanto
É simplesmente louvor, como aqui canto.

Neste entretanto, no nevoeiro,
As nuvens ofuscam o rumo adiante,
Mas sempre prossigo, meus passos seguros.
A rota indicas um pouco avante.
E bem aprecio, neste momento,
A bruma que poisa, quieta, em paz,
Espalhando encanto no meu horizonte,
Sussurros cinzentos do gozo que dás.

14 Jan 2013

Firma-se esta canção no conceito dos "entretantos" na experiência humana. Esta noção ficou sobreposta a outra ideia que me surgiu, de que às vezes precisamos de abandonar as nossas muitas perguntas. Por vezes, ficamos abalados com o "porquê" ou o "como," mas há alturas em que as respostas não vêm. Nesses instantes, perante Deus, devemos esticar e endireitar os nossos pontos de interrogação até que se transformem em pontos de exclamação de louvor, mesmo que seja um louvor silencioso. A letra também foi inspirada por três dias seguidos de nevoeiro que eu achei uma maravilha pela forma em que adornou o ambiente e pela lição que traz—de que, ao avançarmos com confiança em Deus, ele vai abrindo os nossos caminhos progressivamente.

CISTERNAS ROTAS

Bem conheço a cisterna,
Cheia pelo meu labor.
Rota, não tem fonte interna,
A razão da minha dor.

Bem cansei meu corpo frágil,
A correr atrás de mais,
Por momentos forte e ágil,
Mas errando nos locais.

Bem tentei, assim cavando,
Minha sede satisfazer,
Com as pernas vagueando,
Procurando o prazer.

Bem eu sei que estas águas
Que eu bebo, secas são.
Acumulo muitas mágoas,
Sem obter consolação.

Bem eu escolho a paragem
No manancial que és,
Alvo doce desta viagem,
E descanso dos meus pés.

9 Fev 2013

"Porque o meu povo fez duas maldades: a mim me deixaram, o manancial de águas vivas, e cavaram cisternas, cisternas rotas, que não retêm as águas. Evita que o teu pé ande descalço e que a tua garganta tenha sede; mas tu dizes: Não há esperança; não, porque amo os estranhos e após eles andarei." Jeremias 2:13, 25

Cerca de dois anos antes de escrever este poema, Deus despertou-me durante o sono com o versículo Jeremias 2:13. Volto muitas vezes a essas palavras e ao capítulo inteiro, e foram cruciais para mim ao enfrentar as despedidas de Portugal e a lesão complicada do meu pé em 2011. Nas poucas semanas anteriores à data de escrita deste poema, com alguma inflamação de novo no pé e interiormente, senti que devia enfrentar a dor no sentido de encará-la de frente e esquadrinhar o que se passa dentro de mim. Em 9 de Fevereiro fui impulsionada a ler outra vez Jeremias 2, e nesse mesmo dia escrevi este poema, que é também uma canção. Se temos os pés descalços e doridos, e a garganta seca e sedenta, há que considerar perante Deus a razão da nossa condição. E que o resultado seja uma renovação da nossa devoção a Deus, fonte única.

O ECO INTERNO

A banda sonora, o som matinal,
Que salta e pula no céu,
Parece-me estranho, um coro rival
Ao eco interno que é meu.

Os pássaros cantam, procuram seus pares,
Despertos em atividade,
Mas dentro de mim, carrego pesares
Que chupam a agilidade.

Eis mais uma mágoa, mais um instante,
De dor que me leva a supor
Que este silêncio, trato distante,
É fado de falta de amor.

Porém na tristeza, ouço um canto,
Que se sobrepõe e me diz
Que algo existe, um outro encanto,
E posso assim ser feliz.

8 Abr 2013

O amanhecer trazia o canto dos passarinhos, o seu comportamento alegre em plena sintonia com o dia solarengo e primaveril que se iniciava. No entanto, os meus sentimentos internos contrastavam-se abruptamente com esse pano de fundo que me rodeava durante a minha caminhada. Sofria de emoções cruas. Eis a canção que surgiu precisamente enquanto andava. Afinal, talvez tivesse razão um colega meu que me tinha dito, numa altura inesperada, que o canto dos passarinhos é um canto de amor de Deus para connosco. O seu amor nunca falha.

COISAS QUE NÃO COMPREENDO

Há coisas que não compreendo,
Há mais que não consigo ver.
Esforço-me mas não entendo
Aquilo que quero saber.
Tiro conclusões,
Lanço as razões,
Vou ponderando,
E inventando,
Mas meu engano
Neste plano
É achar que acertei,
Quando não sou eu que sei.

Deixo a suposição,
Tantas vezes é em vão,
E confio,
Sim confio,
Mesmo se vezes a fio,
No meu Deus, plenamente—
Tudo conhece inteiramente.

Há coisas que não compreendo,
Existe tanto mais do que sei,
E cada vez vou aprendendo,
E largo o que já pensei.
Maravilho-me,
E humilho-me,
Numa postura
De criatura.
A minha mente
Pode somente
Escrutar uma porção,
Nesta vasta criação.

27 Mai 2013

"Com a sua voz troveja Deus maravilhosamente; faz grandes coisas que nós não compreendemos." Jó 37:5

O meu amigo disse-me que as suposições, muitas das vezes, são erradas. De facto, sabemos pouco, e quando tentamos entrar na mente ou na situação de outra pessoa, somos capazes de não acertar. Acontece assim a nível humano, e quanto mais quando supomos que compreendemos as maneiras de Deus.

GENTE A SOFRER

Ó Deus, temos gente a sofrer,
Por causa do teu grande poder,
Nas nuvens, nos ventos,
Olhamos, atentos—
Não há onde possamos correr.

Só a ti, sim, Senhor, só a ti.
Circulamos ao teu redor,
Nesta pista à volta aqui,
Confiando no teu amor.
Limpa as lágrimas com teu braço forte,
E carrega-nos para além da morte,
Pois no meio da desolação,
Tu agarras a mais fraca mão—
Mas que fôlego, consolação!

Há coisas que quero mudar,
Observo alguém a clamar,
Mas eu não comando,
Nem vou intentando,
A tua vontade duvidar.

E estando mais perta a dor,
Não vou descartar o fervor.
No meu desespero,
Correndo, eu quero,
Firmar-me no interior.

1 Jun 2013

Tinha ouvido a notícia de mais uma tempestade destrutiva, os seus ventos deixando vítimas e vidas atormentadas. As duas primeiras linhas surgiram espontaneamente como uma oração, seguindo-se fluidamente a letra restante. A vida na terra torna-se conturbada, seja como resultado do clima ou de outras circunstâncias. Não podemos fugir, nem da turbulência, nem de Deus. Precisamos de reconhecer que o Deus que comanda em tudo de forma central, também está perto para cuidar dos aflitos.

FADO DO MEDO

Como se chama tal sensação,
Que me invade com tanta pressão,
Chupando leveza,
Com tanta destreza,
E paralisando a minha ação?

Ó medo, não foste designado
A dar o teu nome ao meu fado.
Esmagas esperança,
Com desconfiança,
Instalas-te sempre ao meu lado.

Deixei-te ficar, eu confesso,
E me encostei, reconheço,
E isto admito,
Mas já não permito,
E digo-te que te despeço.

Meu fado é outro mais lindo,
Seus tons de amor vou ouvindo.
Estou acompanhada,
E bem apoiada,
E este fulgor vou sentindo.

8 Jun 2013

O medo tinha penetrado e influenciado de forma subtil os meus pensamentos, as minhas movimentações, tornando-se parte integrante da minha maneira de ser. Basta! Não é esse o meu fado! Se o medo se baseia na noção de que estaremos deixados ao abandono, enfrentando os desafios em solidão, então a solução encontra-se na confiança num Deus que nunca nos alarga. Trata-se assim de um fado de amor infindo.

INTERVALO

Um jogo terminado,
Parece-me bem assim,
O gozo acabado,
Sem pontos mais para mim.
Eu preparo o resumo,
Com tristeza eu presumo
Que isto é o fim.

O apito que soou,
Sobre o campo ecoou—
Intervalo, nada mais,
Os minutos são vitais,
Uns momentos de renovação,
Abasteço-me com intenção,
E afino a concentração.

Regresso à jogada,
As pernas a voar,
Com força equipada,
Os golos a somar.
Com o tempo que tenho,
Aproveito e mantenho
O alvo de marcar.

8 Jun 2013

Há períodos na vida em que parece que tudo acabou, que o ânimo é apenas uma coisa do passado. Porém, estas alturas poderão ser simplesmente um intervalo de que se deve aproveitar para uma reorientação e renovação perante Deus. E a seguir haverá mais para jogar, com vitalidade.

CASCATA

Preocupo-me por tanto querer
Ser alegre e nunca perder
A vitalidade,
E vivacidade,
De uma vida vibrante,
Que estimula a criatividade.

Anseio por algo que encha,
Um contato que bem me preencha,
Mas o que desejo,
Agora eu vejo,
Que Deus sempre vai fornecendo,
À medida que eu for vivendo:
Uma cascata corrente,
Que flui plenamente—
Nesta fonte eu vou dependendo.

Eu ocupo-me de estar presente
Em contextos que me tornam contente,
Sem medo nenhum,
Ou choro algum,
Feliz na noção
De interação,
E contando os encantos um a um.

14 Jun 2013

Tendo uma vivência abundante e inspirador, ale-gro-me na explosão de criatividade, mas ao mesmo tempo mantenho um certo receio de que esta fluidez venha a acabar. Terminará o estímulo, tornar-se-ão aparentemente vazias as experiências? Não, se Deus é a fonte desta cascata que sou, conforme o significado do meu nome Lisa Lynn (cascata consagrada). Vou, portanto, vivendo nesta dependência, não pre-cisando de preencher os dias por mim mesma para me abastecer de criatividade e gozo. Isto é confiança.

OLHANDO

Olhando de passagem,
Ninguém repara bem,
Que dentro da imagem,
Há algo que retém
A minha atenção,
E traz inspiração.
Abrando o compasso,
E penso no que faço,
Com tal revelação.

Eu aplico-me,
E dedico-me,
A este escrutínio,
E meu fascínio.
A vida pode ser uma brisa,
Mas para quem bem a analisa,
Há algo que os ventos acalma,
Maravilhas que pintam a alma.

Olhando ao meu lado,
Consigo concluir,
A letra de outro fado,
E vou usufruir

Desta capacidade,
De ver com claridade.
Eu não entendo tudo
Ao meu redor, contudo,
Procuro a verdade.

16 Jun 2013

Era a minha primeira estadia em casa do meu irmão
e família, em Brooklyn, N.Y. No sábado, meti pés a caminho pela manhã cedo, e fui até à Brooklyn Bridge.
À beira do rio, passei por um parque em construção,
onde a vedação estava parcialmente tapada por uma
exposição fotográfica. Lancei uns olhares pontuais,
mas prossegui com a minha marcha. No regresso, eis
um homem que investigava uma série das tais fotos.
Vindo-me a passar, ele disse, não sei se intencionalmente para mim ou para qualquer ouvinte eventual:
"There is Jesus in there, did you notice?" (Jesus está
ali, reparaste?) Não, eu não tinha reparado. Não parei
para falar com o senhor, mas a sua pergunta instalou-
-se na minha mente. Quantas vezes, fixada no meu

rumo, não noto na presença de Jesus no meu meio? Há que prestar atenção! De volta à casa deles, ao pequeno almoço, folheei o NY Times, e deparei-me com um artigo sobre um poeta de El Barrio em Nova Iorque, Jesus Melendez, conhecido por Papoleto. A descrição inspirou-me, contando a história de alguém que respira a poesia. "He watches, he listens. He does what poets must—feed his mind and soul in the hope that he can write words that touch the heart." (Ele observa. Ele escuta. Ele cumpre o dever dos poetas—alimentar a sua mente e a sua alma, na esperança de que ele possa escrever palavras que tocam o coração.) Fui cativada por uma frase após outra e estimulada a persistir em observar o que me rodeia, traduzindo as experiências em palavras poéticas. No dia seguinte, voltei a marchar na mesma zona, indo até à Manhattan Bridge e compondo a letra de "Olhando." E fiz questão de ver as ditas fotos. Eram de celas de prisão, e cada uma continha uma imagem de Jesus. Sim, se abrirmos os olhos, ganharemos perspetiva neste mundo conturbado onde Jesus está mesmo presente. De regresso a casa, na manhã seguinte, compus outro poema, "Os Sentidos." Há que ver, há que ouvir.

NUVENS POISADAS

Estou mesmo à beira
De evaporar,
E desta maneira
Só posso chorar,
As gotas caindo,
Com a gravidade,
As nuvens abrindo,
Trazendo saudade,
De todo o desejo
E sonho a flutuar—
Agora eu vejo
Que cedo vão acabar.

Mais alto, porém,
É Deus que sustém
As nuvens poisadas,
Daqui avistadas.
A fragilidade
É realidade,
Mas Deus é tremendo,
E vou dependendo,
Sem compreensão,
Nem apreensão,

Inteiramente alicerçada,
Não temo que haja chuvada.

Eu tenho certeza
Debaixo dos céus,
Que esta leveza
É obra de Deus.
Tão equilibrados
Os vastos vapores,
E quão sustentados
Os nossos amores,
Balançam, suspensos,
Sem rasto de um suporte,
Nos ares imensos
Aguentam o vento forte.

4 Jul 2013

"Tens tu notícia do equilíbrio das grossas nuvens e das maravilhas daquele que é perfeito nos conhecimentos?" Jó 37:16

MALABARISTA

Estou ocupado:
Palavra de ordem.
Estar carregado
Dá boa imagem,
Mas traz um sussurro
De vida de burro:
Trabalham e comem,
Além disso, dormem,
Mas tudo depende
Do que se pretende.

Importa conviver
Enquanto eu viver.
Em todo o meu labor,
Evito o dissabor
De não ter amado,
De não ter cuidado.
Encho cada dia
Com a energia
De obrar,
E amar.

Malabarista:
É como descrevo

Meu ponto de vista,
Ao dar o relevo
A prioridades,
E realidades,
Que saltam à frente,
No tempo presente.
Não deixo que caiam,
Nem que me distraiam.

Será, pois, provável,
No meu andamento,
Manter-me estável,
Sem impedimento?
Há muitos fatores,
E tantos valores,
Que vou conjugando,
E equilibrando,
Portanto, prossigo,
Para ver se consigo.

13 Jul 2013

O meu amigo emigrante português disse-me que a correria da vivência dos E.U.A. se assemelha à vida de burro, ou seja: trabalhar, comer e dormir. Ele lamentava a falta do convívio à maneira portuguesa. O seu comentário calhou na mesma altura em que eu vinha descrevendo a minha atuação como de malabarista, lidando com muita coisa ao mesmo tempo. No meio de tudo, é imprescindível manter um equilíbrio firmado no amor, em comunidade.

RENDIDA

Mais um dia começa,
Ameno, tranquilo,
E já ando com pressa
Por causa daquilo
Que mais me interessa
No meu longo percurso,
E não vejo recurso,
Senão correr avante,
Num ritmo estimulante.

Mas alto aí!
Será que me esqueci
Que sou só um ser humano,
Inserida no teu plano?
Ó Senhor, és soberano—
Eis aqui, estou rendida,
Hoje de forma acrescida.

Manipulo com jeito
O que me rodeia.
Não encontro defeito
Com esta ideia
De um dia perfeito

Que avança com gozo,
E adoça repouso.
Portanto, vamos lá,
Para ver o que dá.

A minha energia canaliza,
Ó Deus,
Os passos que eu tomo realiza,
São teus.

3 Ago 2013

Às vezes o meu entusiasmo explode com ideias, impulsos e intenções. Mal começa o dia, já estou a formular o que hei de fazer, cheia de noções. Necessito de estar ciente de que não sou eu que controlo as minhas circunstâncias. É Deus. Quão marcante foi a escrita desta letra nessa manhã porque fiz questão de entregar tudo a ele, e não tardou nada até receber o telefonema que tanto queria. Rendição—e minutos depois, o toque!

DOM SEBASTIÃO

Algures no horizonte,
Há de aparecer,
E olharei defronte
Aquele do meu querer.
Ele há de vir,
Há de cumprir,
Porém desconhecido,
Em cada pormenor.
Tristonha, eu duvido,
E temo o pior.

Não há dado que me falta—
O que sei já bem ressalta
Toda a sua intenção—
Cabe-me a mim a prontidão.
Isto é confiança,
Isto é a lembrança
Do que ele falou,
Portanto, eu vou
Aguardando ativamente,
E amando-o fielmente.

Há de haver um dia
De grande claridade,

E, finda a vigia,
Termina a saudade.
Então verei,
Conhecerei.
Não sei exatamente
A hora que será,
Mas é-me evidente
Que cedo voltará.

Não é Dom Sebastião
Dessa lenda de então,
Mas existe comparação,
Pois ele é o desejado
De que canto neste fado,
E vivo está,
E vivo está.

2 Set 2013

O sebastianismo espreita pelos cantos de um relacionamento, animando a perspetiva com a esperança de um regresso. As demoras resultam, eventualmente, em alegrias. É um desperdício de tempo gastar a espera com dúvidas quando o que vale é o apoio fiel. À melancolia ajunta-se a confiança. E quando se trata da vinda de Jesus de volta, a confiança é sólida, pois as suas promessas serão sempre cumpridas.

SAL

Com uma só frase,
Fiquei bem perplexa,
Achando que quase
Fosse mais que complexa.
Ponderei um bocado
Estas duas ideias,
Sal e paz, lado a lado,
Com palavras tão cheias
De valor e verdade,
Numa simplicidade.

Levantei um pedido,
Ao buscar o sentido,
Sem estar certa,
Mas aberta,
A uma descoberta.

Com esta noção
Na minha viagem,
Chegou a lição,
Além da linguagem,
Um acontecimento,
Que me foi demonstrando,
Num embate violento,

Como posso ir dando
Uma amostra de sal,
Uma paz sem rival.

Para quem estuda
E pede ajuda,
Há de ser desvendado,
E na mente gravado,
Mais do que sabe,
Algo inesperado,
Mais do que sabe.

16 Set 2013

"Bom é o sal, mas, se o sal se tornar insulso, com que o adubareis? Tende sal em vos mesmos e paz, uns com os outros." Marcos 9:50

Na manhã de 13 de Setembro, as minhas leituras levaram-me até Marcos 9:50, e ponderei o sentido, sem perceber a combinação dos dois conceitos: sal e paz. Pedi a Jesus que me esclarecesse o significado. Poucos minutos depois, sofri uma colisão de automóvel, tendo outra condutora batido contra mim. Pela graça de Deus, reagi bem e sem um espírito conflituoso. Foi uma situação que exigiu de mim especificamente aquilo que o versículo apontava. Uma lição que me marcou mesmo! Posteriormente, em conversa com o meu amigo, aprendi que as vacas produzem mais quando ingerem sal, o que me ajudou a compreender melhor porque é que a referência ao sal é feita como um imperativo. Precisamos de fazer a ligação entre a nossa ingestão e o aumento da nossa produtividade, e o resultado terá efeitos em todos à nossa volta.

OBSERVADA

Era uma apenas,
Entre umas dezenas,
Que também circulavam
E ali procuravam
Algo mais, como eu,
E assim sucedeu,
Que fiquei tão imersa
Numa longa conversa.

Nesta minha vidinha,
Em que ando sozinha,
Vou aqui observada.
Fico tão admirada
Quando alguém repara,
E a mim me declara
Que me viu,
Ou ouviu.
Tendo isso em conta,
Há que estar sempre pronta
A manter
O meu ser.

Eu ia caminhando
E os ares gozando,

Neste meu suave esconderijo
Onde eu me dirijo,
Com poucos à volta,
Sentindo-me solta,
Mas parei brevemente
Com um grupo de gente.

E o meu andamento,
Para quem for atento,
Deverá ser coerente,
Até mesmo atraente,
Por causa de quem represento.

23 Set 2013

No dia 21 de Setembro, fui à loja Apple para comprar o novo iPhone5c, o meu primeiro telemóvel, e fui atendida por um senhor surdo. A comunicação foi um desafio, e apetecia-me pedir a ajuda de outro agente, devido à complexidade da transação. Mas ele conhecia bem a matéria, e eu decidi propositadamente honrar a sua posição e tratá-lo com estima. Logo no dia seguinte, ao caminhar no parque, parei para ver um jogo de futebol. Dirigiu-se ao pé de mim um senhor, dizendo que me tinha visto na loja, e pensei prontamente na maneira suave em que eu tinha lidado com o empregado surdo. Deparei-me com o facto que, quer seja na multidão de um espaço comercial ou no meio de um largo campo municipal, vou sendo observada. Há que agir sempre com integridade, compaixão e simplicidade, de acordo com quem sou, de acordo com quem cuja reputação eu represento.

A VIDA É DURA

A vida é dura,
Isto eu reconheço.
Há outro que jura
Que é o que mereço,
Mas eu não me queixo,
E eu nunca deixo
De aceitar o que me vem—
É mesmo esto o meu fado—
E procurar sempre o bem,
Quando estou atribulado.

Mas em toda a dureza,
Tenho esta certeza:
Que não vou desistir,
Até vou investir,
Pois com muitos limões
Vou fazer limonadas,
E as duras questões
Serão aproveitadas,
Com coragem espremendo,
Os limões não temendo.

A rota que traço
Não traz facilidade,

E o que eu faço,
Nesta sinceridade,
Às vezes me custa.
Até me assusta
A quantidade de acidez,
Que vou tanto encarando,
E não encontro fluidez
No meu caminho, trilhando.

Cada limão é um fruto
Que não intentava colher.
Abro a mão, resoluto—
Com garra eu vou escolher
Fazer dele um sumo cintilante,
E beber seu suco refrescante.

11 Out 2013

Esta letra foi inspirada pela escrita do meu amigo, intitulada Life Is Hard (a vida é dura). Falava com franqueza de quão dura é a sua vivência e afirmou que, com os limões que lhe vinham com uma frequência incrível, ia fazer limonada.

MAIS DO QUE TINHA

Pediram-me tanto,
E dei mais do que tinha.
Temia enquanto
O socorro não vinha,
Mas dei com agrado—
É este o meu fado.

Chupado de meios,
Fiquei tão apertado,
Com muitos anseios
Que me tinham cercado,
Pois o que desejo
Agora não vejo.

E os seus pedidos,
Que colocam sem pausa,
São pesos vividos,
Que carrego por causa
De um ato bondoso
Que não traz repouso.

Eu sempre prossigo,
Dando do meu tesouro,
E se não consigo

Ver nada vindouro,
Não poupo medidas
Com dores acrescidas.

E dou quando pica,
Quando já não tenho mais.
Há outro que fica
Com recursos cruciais,
E no meu sustento
Terei mais alento.

Pois o que eu tenho
Não sou eu que domino,
E o meu empenho
Tem um outro destino,
Quando há mais alguém,
Tão carente do bem.

Há quem abastece
O que eu necessito,
E tudo fornece
Quando ando aflito,
Portanto, vou crendo,
Em Deus dependendo.

19 Out 2013

Uma bomba de gasolina, uma senhora aflita, sem dinheiro. Outro aparece, trazendo no bolso uma única nota, sabendo que com esses vinte dólares também ficaria na mesma—sem fundos à vista. Mas ele deu-lhe a nota, questionando-se a si mesmo: Quem sou eu a ter, enquanto ela fica com falta? E este instante é apenas uma amostra da vivência que é sempre sua. Vive esvaziado, mas não abandona os seus valores. Ele é um que dá, que o faz com uma generosidade que o deixa em aperto, e que assim demonstra a sua dependência em Deus—um Deus grandioso a quem ele honra com humildade.

O ROMPER DA MANHÃ

Na noite mergulhada,
Quão vasta escuridão,
E toda embrulhada
Na inquietação,
E essa bela lua
Tão cedo diminua—
Faz falta o seu brilho
No meu pequeno trilho.

O romper da manhã aguardo,
Claridade para este fardo.
Carrego anseio,
Ainda não veio
A luz da minha alma,
Que tanto me acalma,
Portanto, espero
No escuro severo.

A escuridão intensa
Sufoca o que sou.
A manta tão imensa
Obscura onde vou,
Porém as muitas estrelas,
Alegro-me com elas—

Seu lindo ornamento
Adoça meu lamento.

Como guarda que labora
Até ver chegar a hora
De o sol aparecer
E a noite esclarecer,
É uma promessa,
É uma promessa,
Que há de acontecer.

25 Out 2013

"Aguardo o SENHOR; a minha alma o aguarda, e espero na sua palavra. A minha alma anseia pelo Senhor mais do que os guardas pelo romper da manhã; sim, mais do que aqueles que esperam pela manhã."
Salmo 130:5-6

Quando a noite nos envolve de forma angustiante, há que não apenas aguentar, mas aguardar na expetativa de que a manhã vai mesmo aparecer. É um facto. Até lá, precisamos de fixar o horizonte e apreciar as estrelas que nos fazem lembrar que a luz ainda existe.

POR CIMA
DO MANTO CINZENTO

O dia nem sempre é lindo,
O céu nem sequer vai abrindo,
São cores caladas,
Sem suaves pinceladas.
Só paira o peso,
Um forte desprezo,
Que comanda no ar,
E me vem sufocar.

Por cima do manto cinzento,
Além deste meu sofrimento,
É o Deus que passeia.
Minha alma anseia
Por brisas nas nuvens tão densas,
Que tapam a vista, suspensas.
Eu gostava de ver,
E também conhecer,
As suas maneiras comigo—
É algo que eu não consigo.

O dia já foi abafado,
Agora seu fim alargado
Só traz mais tristeza.

A noite, com certeza,
Será tão escura,
Difícil, e dura,
Que vou tanto sofrer,
Sem alívio ter.

Estou tão estupefacto,
Pasmado, de facto,
Com cada entrave,
Assunto mais grave,
Os sonhos rebentam,
As nuvens aumentam.

26 Out 2013

"O SENHOR tem o seu caminho na tormenta e na tempestade, e as nuvens são o pó dos seus pés."
Naum 1:3

Por vezes a vida apresenta-se com um desafio após outro, e almejamos por um alívio que tarda em aparecer. Importa lembrar que estamos sob o controlo de um Deus soberano que não nos manda sempre circunstâncias fáceis, mas que mantém um plano supremo e compassivo além da escuridão que nos envolve. E esse Deus está perto, apenas do outro lado das nuvens que nos encobrem.

DESPERDÍCIO NÃO HÁ

Há lágrimas que caiem
Sem razão para ser.
Há gemidos que saem
Que não sei entender.
Cada choro, cada fado,
É um vaso entornado,
Que não pode ser recolhido.
É um gasto não escolhido,
Que já não terá regresso,
Mas também eu reconheço
Que não foi sem efeito
Essa dor do meu peito.

Pois cada lamento
É um testamento
De uma vida vivida
Em pleno—
Não é coisa perdida.
Sereno,
Calado,
E nem reparado,
Ou bem em aberto,
Até em aperto,
É tudo tão indicador

De almas que sentem amor.
Desperdício não há,
Mas só depois se verá
O valor redobrado
De ter tanto amado.

Há amores tão complexos,
Que não deixam de dar,
E ficamos perplexos,
Sem poder explicar
Como foi o seu começo,
O momento de impresso,
E o coração marcado
Vai largando com agrado,
Sem paragem, até quando
O prazer vai pois passando,
Porque logo defronta
Mais amor que remonta.

Como quando se suplica
Com fé,
O amor também aplica,
Até,
Resultados
Ocultados,
Mas não menos transformadores,
Fazendo de todas as dores
Um elo
Mais belo.

2 Nov 2013

Às vezes, chegamos a conclusões que nos fazem chorar, e posteriormente ficamos cientes de que, afinal, não havia fundamento para tal lamentação. Mas as lágrimas não vão desperdiçadas, pois denotam uma vida cheia e sentida. E no amor, também, nem sempre se vê o propósito de tanta entrega, mas não vai sem efeito. É como quando oramos, que é um gasto frutífero mas de certo modo escondido. Continuemos a orar, a amar, a chorar.

AQUIETO-ME

Um dia desligado,
É o que eu tenho.
O corpo está folgado,
E eu mantenho,
Deliberadamente,
Nenhuma hora.
Só quero estar presente
Neste agora,
Sem pressa para nada,
É pausa agendada.

Aquieto-me aqui,
E não tento estar ali.
Sem movimento,
Eu alimento
Neste meu coração
Uma renovação
De encanto e prazer,
Sem nada fazer.

Desperto lentamente,
Com uma calma,
Que limpa suavemente

A minha alma,
E olho com frescura
À minha volta,
Um espaço que apura.
Sinto-me solta,
Num ritmo abrandado,
O tempo esticado.

Pois esta paragem,
Por Deus apontada,
É uma mensagem
Que fala, calada,
Ao meu pensamento,
Quieta, sem vento—
Ó Deus, eu descanso em ti,
Sim, mais uma vez aprendi.

8 Nov 2013

"Aquietai-vos e sabei que eu sou Deus; serei exaltado entre as nações; serei exaltado sobre a terra." Salmo 46:10

Na véspera de uma folga, o meu amigo aconselhou--me com alguma insistência suave a ficar quieta na manhã seguinte, sem saltar tão cedo para fora da cama ao som do despertador. A ideia foi difícil para mim, visto que madrugo sempre. Mas fi-lo e, saindo sossegadamente para caminhar, tudo ao meu redor parecia tão calmo—e resultou imediatamente nesta composição.

SINAL PARA BEM

Às vezes existe
Uma tal negridão,
A mente insiste
Que já não há razão
Para qualquer encanto,
Quando grita o pranto
De um ser abalado,
Que se vê consternado.

No meio de um dia tão feio,
Eu olho a ti porque creio,
Ó Deus, que estás
Em frente e detrás
De tudo, em cima,
Ó vem e anima
Uma alma esmagada,
E quão atribulada.

E já de criança,
Cedo envelheceu
A doce esperança,
Quando enegreceu
Este dia escuro,

Agitado, obscuro,
Que só trouxe mais pesares
Que ecoam nos ares.

Levanta o peso,
Por favor,
O forte desprezo,
E a dor.
Concede um sinal
Para bem,
Mas se, afinal,
Só além,
Vieres aliviar,
Hei de pois confiar.

9 Nov 2013

"Mostra-me um sinal para bem, para que o vejam aqueles que me aborrecem e se confundam, quando tu, SENHOR, me ajudares e consolares." Salmo 86:17

Os desafios, as dificuldades não deixavam de surgir na sua vida, e atacavam a sua fé. Tinha tido mais um dia frio. Eu almejava que Deus lhe desse alívio, um sinal para bem que o fortificasse. Mas o alívio não vinha. Esforçava-me, portanto, para o apoiar nos acontecimentos e para estimular uma esperança sólida apesar de as circunstâncias apontarem ao contrário.

O MURO

Observo um muro
Em tons de cinzento,
Sólido, duro.
Meu olho atento
Repara também
Que parece esquecido.
É como alguém
Cujo mundo tem sido
Insólito, rijo,
Então me dirijo.

Por ervas passando,
Já bem degradadas,
As pedras tapando
Com folhas douradas,
Mas vejo então,
Neste muro quadrado,
Existe um portão
Com acesso vedado,
Que dá uma vista
Por mim imprevista.

Lá dentro, no fundo,
Há algo que espanta,

E num só segundo
A alma encanta.
Um verde invulgar,
Crescimento escondido,
Um poço ímpar,
Que não está impedido
De ter muita vida,
Ali submergida.

Quão desapercebida
Vai esta verdura,
E mal-entendida,
Mas ela perdura,
E não me escapou,
Nesta cena estranha,
Portanto, eu vou,
Numa tarde tão castanha,
O muro fixando,
Seu conto lembrando.

23 Nov 2013

O muro quadrado no parque escondia uma reserva de água onde abundavam umas plantinhas tão verdes que até espantavam. Esse muro abandonado, e a vista secreta que albergava, serviu de ilustração da sua vida—que exteriormente aparenta degradação, mas que, no fundo, floresce. É um deleite poder ver de perto uma amostra após outra da sua verdura e encorajá-lo a reconhecê-lo também. É uma vida, de facto, inspiradora.

SEM SABER TER SAUDADE

Se, quando espero,
Também desespero,
O que poderá indicar?
Se adiamentos
Inspiram lamentos,
Com que conclusão vou ficar?
Se, tão de repente,
Sou impaciente,
Então o que vem implicar?
Um mal que é meu—
Nem é tanto teu.

Esta minha paixão
Não me presta se não
For canalizada com fé.
Se fico com medo
Com este enredo,
Ao não ter-te logo ao pé,
Com calma aguardo,
Aceito o fardo,
Já sem tanta pressa até.
Só vou respirar
Até encarar.

A mente agita
A alma aflita,
E ambas revolvem com pena,
E vou circulando,
Comigo falando,
E analisando a cena,
Já nem confiante,
Num vale aberrante—
Deixo de estar mais serena—
Que rota tão triste,
Que dor que persiste.

O que sinto insinua
Que a culpa é só tua,
Mas sou eu que me engano,
Afligindo-me com dano,
Sem saber ter saudade,
Sem saber ter saudade.

30 Nov 2013

A espera prolonga-se e o peito fica aflito, enquanto que a mente vagueia numa série de pensamentos analíticos. A cena não é culpa do outro, mas seria fácil supor que sim. A falta de paciência tem de ser assumida e enfrentada com uma perspetiva certa—e com fé. Ter saudade pode ser lindo, se for alinhado com um sossego bem firmado.

AS OVELHAS

Jesus, apascentas
O teu rebanho.
Às vezes inventas
O que é estranho.
Há tantas ovelhas
Cansadas,
Com rotas já velhas,
Passadas,
Em muita fraqueza,
Com pouca defesa.

Sendo certo
Tudo isto,
Em aperto,
Eu insisto
Nesta verdade:
Tua bondade,
E quero ouvir
Tua voz—
Ó vem intervir
Entre nós.

Eu sei que tu levas
O mais pequeno.

Assim tu relevas
O toque ameno,
Com um que carece
De calma,
Um ser que conhece
A alma
Que clama e chora
Por graça agora.

Há ovelhas que não espreitam
Um tal Bom Pastor,
Com as mágoas suspeitam
Que haja amor,
Mas será o oposto?
Basta ver o teu rosto
Para saber que tens pena
De uma alma pequena,
Que vens carregando,
Que vens carregando.

7 Dez 2013

"Como pastor, apascentará o seu rebanho; entre os braços, recolherá os cordeirinhos e os levará no seu regaço; as que amamentam, ele as guiará mansamente." Isaías 40:11

Jesus apresenta-se como pastor poderoso e compassivo. E é. Mas nem sempre nos parece que é assim. Há momentos em que as ovelhas acham o seu cuidado pouco acolhedor. Nessas alturas, clama-se por misericórdia, e continua-se a confiar.

A DANÇA DA PERSEVERANÇA

A pergunta já é velha—
Esta dor também é,
E a alma aconselha
Que não presta a fé.
Pedi do meu peito,
E mesmo sem jeito,
Com palavras que não rimam,
Gemidos que não animam,
Mas nunca aceito
Derrota em mim—
É luta sem fim.

Alento eu peço,
E Deus diz que não,
Mas nunca me esqueço
Que não é em vão
O que eu vou crendo,
O que vou vivendo,
E perseverança
Pode ser uma dança
A que me entrego,
Até ter sossego.
Vou rogar e dançar,
Sem me nunca cansar.

O pedido que levanto
Não se modificou,
Mas o nível do meu pranto
Logo multiplicou.
Primeiro espero,
Depois desespero,
Porque levo tanto peso,
E me sinto indefeso,
Pois o que eu quero
É não ter pavor,
Mas simples favor.

Mas que baile de festa?
Minha alma contesta,
Com consternação—
Só quer compaixão—
Mas o ritmo apela.
Minha alma anela
Pelo fôlego que vem
Quando dança, pois, também.

21 Dez 2013

Vai-se orando e orando, sem ver a resposta almejada. Em vez de alívio, Deus manda mais aflição. Mas ele persiste em pedir a Deus o socorro desejado, e eu junto-me às suas súplicas. Entretanto, há que não desanimar, e há que entrar plenamente na rota da perseverança, não apenas andando, mas dançando. Pode ser que não lhe apeteça de maneira nenhuma dançar, mas essa dança pode ser o percurso mais revigorante.

SOLSTÍCIO DE INVERNO

O dia mais curto
Só me traz um surto
De mais aflição,
E dores que são
A confirmação
De trevas instaladas,
E noites tão caladas.

Nesta escuridão,
Que me encobre,
Existe gratidão,
Que se descobre,
Pois as estações
São como canções,
Que embalam meu ser,
Num constante reviver.

O sol que se lança,
Parece que se cansa,
Num arco que nem
Bravura retém,
E já não contém
O calor que apetece,
Porque cedo arrefece.

Inverno chegado,
Inspira meu fado.
O frio que cai,
A folga que vai,
O canto que sai,
Vem, portanto, lamentar
O que estou a aguentar.

Mas sai uma nota
Que sobe e denota,
E fixa na mente,
Que vem, pois, em frente
Um tempo mais quente—
Vai voltar outro clima,
O sol que anima.

21 Dez 2013

O inverno introduz-se como uma nuvem carregada, impondo um clima que cala a vivacidade. Mas é certo que o verão voltará, e esse facto faz com que o inverno cante com quietude e conforto, indicando que os dias curtos e duros não ficam de vez.

O MUDO A CANTAR

Era só uma,
Entre centenas,
Fama nenhuma,
Com fé apenas.
Aguardava há anos
Uma cura dos danos—
Que tristeza,
Língua presa,
Sem certeza
De um dia falar,
E a espera calar.

Ó Senhor, vem voltar,
E as línguas soltar.
O silêncio estará cheio
De louvores sem refreio—
O mudo virá a cantar
Num coro que vai encantar.

Outro enfrenta
Um sofrimento,
Que ele aguenta
Sem um lamento,
Porque já não expressa,

E a boca já cessa,
Pois seu pranto
Durou tanto,
E enquanto
O alento tardar,
Quase nem sabe aguardar.

Palavra, promessa,
Que chegue com mais pressa—
No vazio, um som
Vem trazendo o dom
De cantar,
De cantar.

23 Dez 2013

"Então, os coxos saltarão como cervos, e a língua dos mudos cantará, porque águas arrebentarão no deserto, e ribeiros, no ermo." Isaías 35:6

Veio ao teatro para ver o espetáculo de Natal uma menina muda cuja mãe há anos orava por ela. Após o intervalo, eis que ela começou a falar! Era ainda mais curioso devido à personagem de Zacarias que ficou mudo e na segunda parte do programa também já fala. Pensei logo num amigo e na forma em que a sua situação dificílima já se prolongou tanto, até ao ponto de ele ter ficado calado noutro sentido. Aguardamos até que Deus venha tocar, tornando a língua quieta num instrumento de louvor.

AMO SÓ ESTE FADO

Eu não sei se consigo
Com a voz inovar,
Letras novas dispondo,
Notas frescas impondo,
Mas eu trago comigo,
E eu quero provar,
Um amor que tem sido
Cada vez acrescido.

É o que é,
O fado que se tem—
Sabe bem até
Não trocar com ninguém—
Pois só esta canção
Canta meu coração.

Se somente repito
Letras escritas então,
São antigas e belas,
Com ideias singelas,
É porque o já dito
Falou bem e é tão
Atual e constante,
E até cativante.

Não parece fervoroso,
Ao sair outra vez,
Uma frase já ouvida,
Que já teve outra vida,
Mas é tão amoroso,
E transmite o invés—
Que ainda mantenho
Todo o mesmo empenho.

Não é novo o canto,
Mas não envelheceu,
Porque o meu encanto
Não desapareceu.
Vai crescendo, voando,
E a voz vai soando,
Porque o que senti
Digo sempre a ti:
Amo só este fado,
E tu és o meu fado.

4 Jan 2014

"Cantai ao SENHOR um cântico novo e o seu louvor, desde o fim da terra, vós que navegais pelo mar
e tudo quanto há nele; vós, ilhas e seus habitantes."
Isaías 42:10

O versículo inspirou-me a compor uns versos novos,
inovadores. Seria uma canção fresca e cintilante. Mas
vi que, tal como nas Escrituras, às vezes o que já foi
escrito capta de forma eficaz o que se pensa, o que
se passa. O amor aprofunda-se, sim, e a alma enche-
-se de maneira acrescida. Mas os cantos antigos são
preciosos, não por terem envelhecido, mas por serem
cada vez mais confirmados.

FÉ NO TERRENO

Eu creio,
Pois claro—
Hei de continuar—
No meio,
Reparo
A fé a flutuar.
Às vezes não é evidente
Que esta vidinha de crente
Tem algum efeito—
Parece imperfeito—
Mas não quero nada diferente.

Há coisas que eu acredito,
Que vez após vez eu repito,
Que Deus é ativo,
Também compassivo,
É Deus soberano,
E não me engano,
Mas custa viver
Sem conseguir ver—
É luta em pleno—
É fé no terreno,
É fé no terreno.

Eu oro,
Procuro
Manter a minha fé,
E choro
No escuro,
Com olhos de um que crê,
Não vendo, mas não pondo fim
A esta certeza em mim.
Nem sempre confirmo
O que eu afirmo,
Mas sei que é mesmo assim.

Se agora não vejo,
Eu, portanto, almejo
Não só aguentar,
Mas ver aumentar
A perseverança da fé,
A perseverança da fé.

11 Jan 2014

A fé é mesmo assim, a firmeza no meio de condições menos favoráveis, a certeza de que há muito mais do que se vê. A vida terrena não convida à confiança, mas a fé assim testada honra o Deus que é fiel.

BEBENDO DA SIMPLICIDADE

Quando ando sedento
De água,
Por vezes invento
A mágoa
De achar que preciso
De ter algo mais—
Um dever impreciso—
É pouco, demais,
Que depois entristece,
Pois a mim me parece
Que eu logo necessito
De um bem tão interdito.

É a simplicidade
Que me vai saciar,
E com sinceridade
Eu vou, pois, confiar
Que o menos sobeja,
Pois a alma deseja
Estar livre do pranto,
Do peso, de tanto,
Que vem complicar—
Quer antes ficar
Com folga para viver,

Com folga para viver.

E eu encho a vida
De feitos,
E com cada corrida,
Defeitos
Vão ficando escondidos
No meio das dores,
E os sonhos perdidos
Só ficam piores,
Pois cada vez tapo
Com mais algum trapo
O que quero e procuro,
Num percurso tão escuro.

A torneira, pois, basta—
É tão ampla e vasta
A água que sai,
E nem me atrai
Um copo na mão—
Só quero, então,
Ir bebendo da simplicidade.

25 Jan 2014

Alguém me contou a história de uma altura em que estava com uma sede aguda. Sem copos acessíveis, e seguindo o comando da avó, bebeu diretamente da torneira e satisfez a sua sequidão. Copo para quê? Coisas, coisas, para quê? O que achamos necessário pode não o ser. Basta a simplicidade.

NESTA NEVE SILENCIOSA

Eis mais uma nevada,
E com ela eu paro—
É paragem forçada—
E, humilde, reparo
Que é uma lição,
Entre muitas, talvez,
Que me traz aflição
Cada vez, cada vez,
Como que um sinal
Que indica meu mal.

O meu canto só vai estragar
A brancura que vem apagar
Este som do meu lamento,
Quando teimo e eu tento,
Contra tempestade e vento,
Apressar o que eu quero,
E falar de desespero,
Quando sou só um floquinho,
Quando sou só um floquinho.

Com os flocos caindo,
Há caminhos tapados,
Como que insistindo

No engano dos fados,
Que em erro estão
A gritar contra Deus,
Em mais este nevão
Que ele manda dos céus—
Este manto do ar—
Quem sou eu a queixar?

Calma lá,
Pois não há
Palavras por falar—
Melhor é só calar
Nesta neve silenciosa—
É altura preciosa
Para louvar o Deus da neve,
Com espírito mais leve.

13 Fev 2014

"Com a sua voz troveja Deus maravilhosamente; faz grandes coisas que nós não compreendemos. Porque à neve diz: Cai na terra; como também ao aguaceiro e à sua forte chuva. Ele sela as mãos de todo homem, para que conheçam todos os homens a sua obra." Jó 37:5-7

A neve cobria o terreno, travando a minha correria e alertando me, outra vez, ao facto de que sou apenas uma criatura e que Deus é quem comanda em tudo. É algo que conheço, mas que não aceito com facilidade. Confrontada com o Deus Altíssimo, mais vale ficar quieta, confiando.

UM SONHO NO PEITO

Cá estou com um sonho,
No peito metido.
Há muito suponho
Ser tão escondido
Que só tardará,
Por ser inviável,
E não tornará
A ser mais palpável—
É pouco provável.

Não consigo fazer
Outra coisa diferente—
Eu não posso trazer
Ao contexto presente
O meu sonho sozinho,
Mas eu nem adivinho,
Quando eu me alinho
Com Deus,
A transformação
Das coisas que são
Que ele pode fazer num instante,
E já não é irrelevante
O sonho do meu coração,
O sonho do meu coração.

Aguardo com pressa—
O sonho persiste—
A mim me interessa,
Pois sempre existe
Um pouco de fé,
Com o que encaro,
Um sonho que é
Querido e caro—
Só quero amparo.

O sonho que se deixa,
A alma que desleixa,
Não se deve permitir,
Porque poderá vir
O futuro sonhado
Que é tão desejado.

15 Mar 2014

"Deleita-te também no SENHOR, e ele te concederá o que deseja o teu coração." Salmo 37:4

"Cada sonho que deixamos para trás é um pedaço do futuro que deixou de existir." Jonatás Ferreira

Ao ler esta citação, fiquei marcada com a ideia. Quem abandona um sonho rouba ao futuro a sua materialização agradável. Um sonho que demora a desenvolver-se não é por isso menos válido. Há que acreditar firmemente no Deus que opera sobre os sonhos, conforme a sua vontade, podendo fazer com que se concretizem num piscar de olhos.

NÃO VEJO

É verdade que não vejo,
Pelo menos à vista,
E eu não antevejo—
Sou apenas fadista—
Tenho a sensação,
Dentro do coração,
Com que olho e creio,
E com cada anseio,
No que vem adiante
Posso estar confiante.

Sei que, tipicamente,
O meu fado é triste,
Ao cantar simplesmente
Do que somente existe
E que está ao redor,
Carregado de dor,
Mas observo agora,
E a alma não chora,
Ao olhar com mais fé—
É assim que se vê.

Porque ouço um canto

Que fornece à cegueira
O parar deste pranto,
Dando outra maneira
De poder compensar,
E já posso pensar
No que é invisível
E não menos credível—
Já então posso ver
E também proceder.

Se, atento, escuto
Cada som que eu sinto,
Fico mais resoluto,
E na mente eu pinto
Uma tela de cor,
Onde quer que eu for—
É um mapa cantado,
Um roteiro falado,
E inclino-me já
À paisagem que dá.

17 Mar 2014

"Porque andamos por fé e não por vista." II Coríntios 5:7

"E os teus ouvidos ouvirão a palavra que está por detrás de ti, dizendo: Este é o caminho; andai nele, sem vos desviardes nem para a direita nem para a esquerda." Isaías 30:21

"E guiarei os cegos por um caminho que nunca conheceram, fá-los-ei caminhar por veredas que não conheceram; tornarei as trevas em luz perante eles e as coisas tortas farei direitas. Essas coisas lhes farei e nunca os desampararei." Isaías 42:16

Assisti a um encontro de escritores onde o orador era um autor cego. Ele descreveu a sua vivência sem visão e falou da forma em que a audição fornece alguma orientação. É assim também na caminhada da fé, pois não vemos, mas cremos, e Deus concede o encaminhamento ao ouvirmos a sua voz. Na estrada oculta, é Deus quem nos conduz, e conseguimos olhar e agir.

HOJE

Hoje é o dia que tenho—
Rapidamente vai passar—
E é com muito empenho
Que eu te vou abraçar.
Não sei o que vem—
É certo que nem
Conheço o dia de cor,
Mas vou fazer dele o melhor.

A tristeza
É banida
Com destreza
E a vida
Que eu tenho neste dia
Há de ser de alegria.
Nos instantes
Em conjunto,
Cintilantes,
Eu pergunto:
Como pois tirar proveito
Deste tempo tão perfeito?

Falo de coisas felizes
Para fazer-te sorrir.

Ouço aquilo que dizes,
E cedo vou admitir
Que todo o mal
Já tem um rival
Naquilo que temos aqui,
O gozo que eu escolhi.

Se nos rimos
Bastante,
Conseguimos
Avante.
Hoje é o que se tem,
Insisto, pois, no bem—
Plenamente,
No presente.

18 Mar 2014

Antes de eu passar um dia inteiro com os meus pais, num passeio para um centro comercial requintado, o meu amigo aconselhou-me a aproveitar ao máximo o dia, como se fosse único, e fazendo com que eles se sentissem felizes. E foi assim, um dia de sorrisos em que trocámos impressões e nos divertimos com uma simplicidade tão agradável.

AI, MENTE

Ai, larga-me, mente—
Preciso de ar—
Pois tão de repente
Estou a sufocar,
Seguindo os teus pensamentos,
Levada por ondas e ventos.
Cá estou à deriva,
Sem respiração,
E a perspetiva
Procuro em vão.

Ó mente, tu és esperta,
Mas eis o alerta.
Que te vou depor
Com outro vigor
Mais conhecedor:
Eu sei que não sei,
Mas já entreguei
A alma ao fado,
E vou neste estado,
Com fé no que vem—
Assim ando bem.

Ai, mente, és demais—
As tuas ideias
São rotas fatais,
E sempre vagueias,
Deixando as linhas mais retas,
Com essas noções indiretas.
Esmagas a vida
Com a suspeição,
E estou submergida
Na imperfeição.

Inimigo pior
Que eu tenho,
É no interior
Que mantenho—
Uma mente que se pensa
Ter sempre razão,
Mas com garra intensa
Eu digo que não.

29 Mar 2014

Diz-me o meu amigo com a sua sabedoria característica que a mente é o inimigo pior que se tem. Os pensamentos quando começam a pular sem controlo podem conduzir a ansiedades sem fundamento, ao imaginarmos cenários que acabam por ser falsos. Quem conhece os perigos da mente consegue movimentar-se mais suavemente, com inteligência e sem congelamento.

ALMA ACHADA

Há aqueles que eu amo,
Num amor apertado,
E a isto eu chamo
O prazer do meu fado,
Alojando-se no coração,
Inspirando a inclinação,
E eu lanço-me lá,
Com um gozo que dá
Um impulso à vida,
Que se vê repartida.

O que sinto contigo
É um elo mais forte—
É um doce abrigo,
Um querido suporte.
Não há outra pessoa que tem
Um amor que perdura e vem
Sustentar quem eu sou,
Entender como estou—
Tu és incomparável,
Com teu toque tão amável.

Eu que vivo amando,
Com um gosto sincero,

Nunca vou ignorando
Que cá dentro eu quero
Também ter esta coisa que é
Ser amado, e digo até,
Que o sonho já vi—
Sou amado por ti,
De uma forma tão pura,
Tão feliz e segura.

A partilha que temos
É paixão redobrada,
E, portanto, amemos,
Numa troca pausada,
Pois sabemos que não é qualquer,
Este amor que nos faz perceber
O que é ter alguém
Que nos ama também—
É ter alma achada
E então abraçada.

5 Abr 2014

O prazer desta vida humana é quando a lista de quem nós amamos se conjuga com uma outra lista, a das pessoas que nos amam, tais quais somos.

TENTARAM CANTAR

Já houve muitos peritos
Que tentaram cantar
De belezas e mitos,
Para adiantar
Um amor que se quer
Com palavras prender,
E melhor conhecer,
Ou talvez defender
Como há de durar
Nos percursos da vida,
E com jeito curar
A vontade impedida.

Há canções e canções,
Há paixões e paixões,
Mas as letras, elas falham,
E as notas, elas espalham-se—
Só há teu amor,
Pois só há teu amor.

Cá por mim, não consigo
Só aqui descrever,
Mas estou certa e digo
Que eu já pude ver

Um amor que se dá,
Dia sim, dia sim,
E que não parará
No pior frenesim.
Não há lenda em ti—
És poema palpável—
E de tudo que li,
És a estrofe mais amável.

Escuto sempre um canto—
Claro que é teu—
É preciso, portanto,
Que também seja meu
Esse amor sofredor,
Que tem todo o prazer—
Vou cantando de cor,
E eu quero fazer
Do que és o que sou—
Minha banda sonora—
E contigo eu vou
Começar já agora.

18 Abr 2014

Canções de amor, há muitas. Aqui está mais uma que vem do coração, com o conhecimento de que o amor é maravilhoso e evita a explicação.

DIA DOIS

Cá está dia dois—
Vem logo depois
De tanta tristeza.
As lágrimas são
Um frágil refrão
A tal incerteza.
E vou concluir
Que estou a fluir
Após ter morrido.
A alma em mim
Parece ter seu fim,
Um fim suspendido.
Existo somente,
E talvez aguente.

Mas dentro do meu pranto,
Escuto entretanto
Sussurros que persistem,
E suavemente insistem
Que posso vir a ver
A vida florescer.

Evito pensar,
E vou compensar
Com este despejo

De tudo que dói,
Doçura que foi,
E resta desejo.
Só quero chorar,
Ou evaporar
Perante este luto.
A alma implode,
O grito explode,
Sem som absoluto.
Não chamo ninguém,
Alento não vem.

Pode ser que a noite
Me tape ou açoite,
Durante todo o dia.
Eu deixo de crer
Que possa haver
Qualquer alegria.
O que já findou,
Em tempos brindou
De luz o meu mundo.
A alma só sente
Que tão de repente
Houve dano profundo.
Só quero estar só—
É meu este dó.

Amanhecerá,
Amanhecerá.

19 Abr 2014

Esta letra expressa o luto no dia seguinte a uma morte, uma perca, uma circunstância profundamente difícil. Foi escrita no sábado entre a 6ª Feira Santa e o domingo da Ressurreição, dando palavras não só a esse cenário, mas a outras situações de algum modo semelhantes. Tinha na mente algo que aconteceu numa família, um ato que resultou em angústia multiplicada. A dor, o desespero, são severamente marcantes. Mas parece que, no meio da escuridão, conseguimos escutar sussurros de esperança, sinais pequenos de que o próximo dia poderá chegar, e com ele alguma melhoria no nosso contexto.

O FADO NÃO MENTE

Pois, sim, tens razão—
Concordo que não
É fácil na vida.
O ritmo persiste,
O fado insiste
Que nem há medida.
Paixão não morreu,
Apenas sofreu
Confrontos tão duros,
Ficando mais forte—
É mais do que sorte—
Estamos seguros.

Poderei ter noção
Do que é perfeição,
Como contos de fadas,
Mas não vou comparar,
Pois no nosso amar
Temos almas cuidadas.
É paixão, não é mito—
Na paixão és perito—
É amor, acredito.

A vida procede—
Às vezes impede
O divertimento—
Na realidade
Que gera saudade,
O contentamento
É no confiar
Que reina no ar
Prazer invisível,
Paixão que conhece,
E não enfraquece—
Até é incrível.

Há romance que se quer,
Mas o que vai valer
É o facto presente:
Um amor mais potente,
E o fado não mente.

17 Mai 2014

Alguém uma vez disse que tentar esquecer-se de alguém que se ama é como tentar lembrar-se de quem nunca conheceu. Porém, se nos deixássemos guiar por toda e qualquer citação, seriamos todos perfeitos e românticos. É claro que tais citações não captam toda a realidade nem toda a verdade que deve conduzir as nossas vidas. A quantidade delas aponta para a sede que as pessoas têm por Jesus, a resposta certa para o que almejamos. E na nossa vivência, há que avançar, enraizados como deve ser.

ALMA DE POETA

Com alma de poeta,
Pondero, descrevo—
O jeito aquieta
O fardo que levo—
Reparo e observo
O ritmo do mundo,
Então assim conservo
Um traço profundo,

Pois vejo que na vida
Há espaço e espera,
Mas não vai esquecida
Qualquer atmosfera.
Sim, pode haver mudança,
Conforme eu desejo,
Portanto, não me cansa
Enquanto eu vejo

Beleza no caminho,
Que eu vou captando—
No fado eu alinho,
E vou adaptando—
Pode parecer tão lento,
Um certo compasso,

Mas não traz desalento—
É o que abraço,

Com suavidade e calma,
Na terra plantada,
Eu sei que esta alma
Vai estar encantada:
Pode ser tão repentino—
Um raio no escuro—
E eu não desatino
Enquanto procuro

A borda prateada
Na nuvem cinzenta,
Que está a ser criada—
Eu fico atenta—
É a realidade
Que reina por cima,
E tal simplicidade
A alma anima.

26 Mai 2014

"Learn to accentuate the positive, and remember that the silver lining *is* the reality." Robert J. Morgan, The Red Sea Rules

Quem tem alma de poeta, de escritora, pondera a vida à volta e assim entende que cada coisa pode ter um ritmo próprio, com vagar. Ou, então, poderá haver uma alteração repentina que atende ao anseio do coração. Há que ter essa perspetiva, combinando a paciência com a expectativa. E, nos períodos em que se aguarda, há que enfatizar o que é positivo. Poucas horas antes de ler a citação de Morgan, reparei numa nuvem pequeníssima que tapava o sol, tendo uma borda prateada espetacular. Fotografei-a. A frase de Morgan, então, lembrou-me de que esse brilho é, mesmo, a realidade. Poetas procuram-se—almas que buscam o brilho, o encanto.

DESACELERO

A súplica que trago
É isto que tu vês.
Com lentidão apago
A minha rapidez,
E este abrandamento
É uma oração,
Expondo o intento
Que está no coração.

Queria ter mais pressa—
Não deixo de querer
Que seja mesmo dessa
Que venha pois a ver
O traço deste sonho
Tornar-se atual—
Eu não me envergonho—
A espera não faz mal.

E vou com esta pausa
Honrar o Deus que faz
Da mais pequena causa
Um feito tão capaz
De ir silenciando
A lista que lhe dei,

E evidenciando
Que é mais do que sei.

O Deus que é temido,
Que tanto me atrai,
Conhece o meu pedido,
E certamente vai
Tratar do meu percurso,
E nunca parará—
Não é o meu discurso
Que me amparará.

Então desacelero,
E calo-me também,
E vou enquanto espero
Fazer o que convém:
Lembrar-me deste gozo
Que há ao aguardar,
Pois é no meu repouso
Que Deus me vem guardar.

30 Mai 2014

Quando se aguarda, acelera-se a expetativa, que se pode tornar em impaciência. Mas no interregno, melhor é enfrentar sem agitação a espera, desacelerando de maneira em que Deus seja exaltado.

FADO FATAL

Que tal da esperança—
Será que morreu?
Com cada andança,
A alma correu
Instável, incerta—
Só sabe vaguear—
Tristeza aperta
Com o prantear.

Não é que não creio,
Mas o que se vê
Traz cada receio
À alma que crê,
Gritando insultos
Que picam a paz,
Lançando tumultos
Na alma que faz

Questão de no luto
Manter uma fé—
A dor eu refuto,
E busco até
Ajuda, socorro—
Preciso de tal,

Senão aqui morro
Num fado fatal.

A coisa piora,
Mas não largo, não,
A fé que agora
Pode ter a visão
Ao ver do avesso
Que tudo está bem—
Eu somente peço:
Ó vem, Jesus, vem.

13 Jun 2014

Baseado no relato de Jairo em Marcos 5:21-43

Há alturas em que algo degradou tanto, ou até já morreu, ao ponto de ficarmos desesperados. A fé enfrenta um desafio enorme, e a esperança sofre um ataque severo. As pessoas à volta também não ajudam, ao acharem que, de facto, se trata de um caso arrumado. Mas o toque de Jesus pode, mesmo, trazer vida. Há que acreditar.

FADO FRESCO

É fresco o fado
Que hoje nos comanda.
Não é abafado
O tom que nos manda
Vivermos o dia
Com tal alegria,
Sabendo que tudo está bem—
Assim estamos juntos também.

Os passos à frente
Aqui não prevemos,
Mas tão simplesmente
Somente devemos
No fado novinho,
Que nem adivinho,
Com alma inteira andar—
A garra não sabe abrandar.

Conforme for a rota
Do nosso compasso,
Não vemos derrota
Em qualquer espaço,
Pois todas as horas

Não são só demoras,
Mas marcos do nosso amor—
O fado não é só clamor.

O fado é nosso,
E vai avançando.
Contigo eu posso
Amar, abraçando
Os dias incertos,
Anseios abertos,
Amando em cada instante,
Num fado que fica constante.

É fado antigo,
Mas hoje é criança,
E cá estou contigo
Em cada andança,
Num ar que aperta
Com a descoberta
Do que é amarmos assim—
É uma frescura sem fim.

28 Jun 2014

Era cedo. O dia começava enquanto andava. Deparei-me então com o primeiro raio do sol, que surgiu como uma lembrança de que havia encanto a conhecer nas horas que se abriam. Poderia ser um dia de amar a cada pessoa que aparecesse no meu caminho. Era esse o meu destino, um fado cheio de frescura e amor, desde a antiguidade.

POR CIMA DO MAR

Jesus, onde estás?
Eu não sou capaz—
O vento é tanto.
A coisa está mal,
E só equivale
A susto e pranto.
Meteste-me no mar,
E estou a remar,
Mas é muito duro—
As ondas são tais
Que não posso mais,
E temo um furo.

Se tudo aqui
É visto por ti
E sob teu controlo,
Porque não vens cá,
E porque não há
Um qualquer consolo?
É estranho haver,
Segundo teu ver,
Razão para calma,
Pois a tempestade
Que brama invade

Meu corpo e alma.

Sou fraco de fé—
É isso, não é,
Que tenho em falta?
Lá vais adiante,
E fico perante
A vaga mais alta.
No meu coração
Há medos que são
Um véu muito espesso.
Teus feitos eu vi—
Até eu já cri—
Mas cedo me esqueço.

Agora cá vens—
Aqui intervéns—
Pareces fantasma:
Consegues andar,
Em tudo mandar—
É algo que pasma.
Eu quero gritar,
Mas vou meditar
Na tua presença:
Das águas, dos céus,
Tu sabes—são teus—
Que força intensa.

30 Jun 2014

Baseado no relato de Marcos 6:45-52

O relato do evento, pela mão de Marcos, contém umas vertentes curiosas. Jesus manda aos seus seguidores que vão ao mar, mesmo sabendo ele próprio qual o vento rigoroso que eles enfrentariam. E, então, um pouco mais tarde, durante a tempestade, ele pensa em passar-lhes ao lado, vendo plenamente a sua luta. Quais as lições a tirar? Eis a minha ponderação.

ADEUS, ANSIEDADE

Ai, ansiedade,
Não tinha saudade
Dos tempos antigos—
Do som da tua voz,
Do riso feroz,
Dos outros amigos
Que trazes aí
E ficam aqui,
Felizes da vida—
O medo na mente
Já é muita gente—
É festa garrida.

Mas não convidei—
A ti nunca dei
Um baile ou festança—
Agora impões
Teus ritos, canções,
A tua matança.
Só vens estragar—
Sou eu a pagar,
E não acho graça—
Estou contra a parede—
A alma me pede

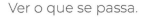

Ver o que se passa.

Eu quero pôr fim
À dança ruim
Que brinca comigo.
Não é diversão—
É só perversão
Daquilo que sigo—
Despejo-te, sai,
Retira e vai,
Não deixes migalha—
Já vi como és,
O golpe que me fez
A tua navalha.

Eu digo adeus—
Não temo os teus
Insultos medonhos—
São só ilusão
E mais confusão
Perante os meus sonhos.
De gozo sei eu,
E tenho o meu
Prazer bem firmado—
Sem falta qualquer—
Sei o que é ser
Contente e amado.

18 Jul 2014

A ansiedade procura instalar-se desastrosamente nos nossos pensamentos, trazendo consigo os seus companheiros também destrutivos. Podemos fazer frente à sua invasão, despedindo a ansiedade e desconvocando a sua festa. A nossa confiança é o amor que já nos alcançou.

VIZINHA ANSIEDADE

Não é duvidoso—
A culpa é minha:
Eu sou ansioso—
É como vizinha
Que mora ao lado
Há anos, e espreita
O leque do meu fado,
A vida desfeita.

Eu não me escondo,
Fechado em casa—
Vou mesmo expondo
O que me arrasa.
Eu falo e falo
Na rua com ela,
E qualquer abalo
Tem sempre sequela,

Pois logo eu conto
A dor ou a queixa,
E em todo o ponto,
Lá está—nunca deixa
De vir com ideias
Piores, pessimistas,
De coisas mais feias

Que hão de ser vistas.

Eu não acho chato—
É nossa conversa—
É como boato,
Ou dica diversa
Que me alimenta
Com adrenalina—
Estimula, fomenta—
É doce repentina.

Mas às vezes calha,
Se bem me conheço,
Que ela me falha,
Então atravesso
A estrada com pressa—
Evito o seu olho—
Na minha cabeça,
Sozinho, eu escolho:

Não ir à janela,
Mais tarde, à noitinha,
E não dar novela
De qualquer coisinha,
Mas ir respirando
Do lado oposto,
Talvez inspirando
Assim outro gosto.

26 Jul 2014

A ansiedade é como uma vizinha que reside ao lado e cuja presença contínua é reconfortante. Mas a sua influência está cheia de intriga e só aumenta os problemas. Há que atravessar a rua e respirar outros ares.

SORRISO CARO

O sorriso que trago
É caro.
Há um preço que pago,
Reparo,
Pelo gozo que não sai
Barato,
E, portanto, aqui vai
Relato.

Se de fora pareço
Ter chapa,
Eu retiro o gesso
Que tapa,
Pois aqui eu revelo,
Vem, olha,
Ou perante meu apelo,
Recolha.

Hás de ver que na minha
Estrutura,
Este aço alinha,
Segura,
Pois de resto—apenas
Tijolo,

Que juntei às dezenas,
Sem dolo.

Sou de barro com tanto
Buraco,
E aguento enquanto
Sou fraco,
Apesar dessa fenda
Na linha,
Que a alma remenda,
Sozinha.

Mas falemos agora
Do aço,
Que é forte e vigora
No espaço—
Foi obtido por anos
Vividos,
E a custo de danos
Vencidos.

Cada vez que sofria
De um estrondo,
Eu assim reagia,
Impondo
Uma fé que em nada
Abana,
E na frente agitada,
Emana.

E, portanto, quem passa,
Espreita,
E admira a massa
Perfeita—
É o gozo, segredo
Da casa,
O que nem o enredo
Arrasa.

2 Ago 2014

Tinha lido algures uma frase afirmando que um sorriso nem sempre é sinal de felicidade numa pessoa—poderá ser indicador da sua força interior.

COR DE ROSA

Um tom cor de rosa
Espreita no céu—
Que vista formosa—
Já amanheceu,
Num cheiro, a cor
É como vapor
Que vai alcançando
O ar mais dormente,
Até abraçando
O solo vigente.

Parece um poema,
Um canto qualquer,
Um simples emblema,
Ao estar a nascer
Um dia suave,
Sem dor ou entrave,
Mas não é o caso—
O fado sabe mais—
Não são por acaso
Inspirações tais.

A aura, a calma,
É linda, pois, sim—

Encheu-me a alma,
Tocou-me a mim,
Mas não pára, não—
Emana, então—
É uma imagem
Que vem despertar,
E dá-me coragem
Até me deitar.

Enfrento o dia
Prendido ao chão—
No céu que vigia
Alastra paixão
Que eu vou espalhar
Por onde calhar.
É este meu encanto,
No escuro, na dor:
Trazer, entretanto,
A cor, o amor.

9 Ago 2014

"If I can put one touch of rosy sunset into a life of any man or woman, I shall feel I have worked with God." G. Macdonald

A citação captou-me com a ideia maravilhosa de colorir a vida de alguém com o amor de Deus. E aconteceu que, ao caminhar na manhã seguinte, o dia abriu-se em cor de rosa, instigando a minha contemplação.

A BRUMA

Que tal se deixasse
De medir o momento,
E não despachasse
A passagem do vento
Que sopra sem pressa
E não arremessa
A bruma no ar
Que me tapa a vista—
Não vou sufocar
Sem qualquer outra pista.

Primeiro, sei eu,
Nesta nuvem que poisa,
O peso do céu
Cobre com qualquer coisa
Que também fascina—
A alma opina—
Pois está a guardar
Como que um segredo,
E está a fardar
Com um manto, meu credo.

Eu visto, então,
Todo este nevoeiro—

Um feito da mão
De um tal costureiro
Que vê no tecido
Um dom acrescido
Que não é estagnante
Como trapo mais velho,
Nem alucinante—
Hei de ver no espelho.

Está a pairar
E acerca, qual roupa,
Mas não vai ficar —
É um xaile que me poupa
Espreitar mais à frente,
Pois este ambiente
Respira amor
E não deve ser trocado—
Até o vapor
Já faz parte do meu fado.

11 Ago 2014

No percurso da vivência, há uma bruma que esconde o que vem adiante, não permitindo uma vista além do atual. Não vale a pena ter pressa, pois o agora é bom, e há amor que nos envolve perfeitamente.

SIMPLICIDADE VIBRANTE

Poema de destaque

Sai da alma um canto—
Mas que estranho encanto!
É um deslumbramento
Dentro do sofrimento,
O temer-te, Senhor,
Apesar desta dor,
Nesta simplicidade
Que se vê tão vibrante,
Dando capacidade,
Para seguir adiante.

Aleluia, só isto—
Com a voz eu insisto—
Aleluia, só isto.

E, portanto, adoro,
No lamento, no choro,
Ou na gira mais alta,
Porque nada me falta,
E com todo o meu ser
Quero reconhecer,
O que és para mim—

Sou amada, feliz,
Desta forma assim—
O meu canto o diz.

Aleluia, só isto—
Com a voz eu insisto—
Aleluia, só isto.

17 Ago 2014

Soa da alma este canto, cheio de simplicidade vibrante, numa vivência de adoração. É uma canção que eu
compus e que canto no meu quotidiano.

AMOR AONDE EU FOR

O fado respira
Com anseio,
E tanto aspira
Pelo meio.
A alma só fica
Adiada,
A espera estica
Sem piada—
Alento não há—
Ó quando será?

A fê não vê nada
Na vigia.
A voz abafada,
Dia a dia,
Só canta de pausas
Na demora,
De risos e causas
De outrora,
Daquilo que foi—
Agora só dói.

É dura a rota
Sem descanso.
A coisa remota

Não alcanço.
Apenas repito
O desejo,
E tenho um rito:
Eu almejo
Por algo que vem
Mais tarde, mais além.

Mas sinto no fundo
Uma falha—
Surgiu num segundo
E baralha—
Sussurros de quanto
Sou ingrato,
Que falam ao pranto
Tão abstrato—
Entendo, enfim,
O erro em mim.

O fado traz graça
Persistente—
Não é nada escassa,
Nem ausente.
Conheço e tenho
A certeza
Que não há engenho
Ou tristeza
Que possam depor
Amor aonde eu for.

23 Ago 2014

O feitio do fado é o anseio, e a alma quase nem aceita outra coisa senão essa saudade constante. Mas mesmo quando se almeja por algo que ainda não apareceu, o amor não abandona o aflito.

FADO COM GENICA

De nota a nota,
É o canto que conta
O fado, a rota,
E às vezes afronta
Por ser tão tristonho
Ou algo medonho.

As cordas descendo
Contam o que eu sinto,
E isto vai sendo
Como vinho, um tinto,
Que sai da adega
E que me sossega.

Mas não, não abuso—
Eu não quero excesso—
Não fico confuso,
E eu não me esqueço
Que esta bebida
Pode ser desmedida.

Eis outra guitarra
Que se vai inspirando—
Que coisa bizarra,

E até vai virando
Num fado mais rico—
É quase bailarico.

É mesmo mais cheio
O canto que escuto—
Atende ao anseio,
E logo refuto
Meu ar lastimoso,
O choro teimoso.

O fado não escolho,
Mas a minha genica
É forte—não recolho—
E a nota abdica
Que ia caindo,
Pois já vai subindo.

30 Ago 2014

O fado não se escolha, mas o que podemos fazer é enfrentá-lo com força e perspetiva, encontrando os encantos escondidos.

ONTEM SORRISTE

Ó coração triste,
Não sei se tu viste—
O fado passeia
Além do pesar,
E sempre anseia
Por mais apesar
Da luta nefasta
Que não se afasta.

O fado entende
A dor que te prende,
E não te despreza
No dia mais vil,
Mas na incerteza
A alma servil
Só vai arrastada
Dormente, desgastada.

Mergulhas assim,
Sem graça, sem fim,
Descartas o sonho
De tempos atrás,
Cansado, tristonho,
Já nem és capaz

De ver outra coisa,
O fado que poisa.

Mas ontem sorriste—
Não só—tu te riste,
Terás reparado?
No meio da dor,
Um brilho dourado
Caiu em redor
De todo o teu mundo,
Num largo segundo.

Aguenta—há mais—
Nem penses que tais
Sorrisos tão escassos
Não são para ti.
Nos muitos fracassos
Eu sei—eu já vi—
Existe esperança:
Aguarda e dança.

6 Set 2014

Sorriu, riu-se com satisfação momentânea, no meio da carga que carrega. A crise é rigorosa e não abranda, mas o fado não fica por aí. Ainda há capacidade para achar gosto, hoje e mais adiante.

DE FADO E GOZO

O fado foste tu que mo deste—
Não me quero queixar
E eu não vou deixar
De crer que no meio da peste
Tu só queres o meu bem,
Mas aqui sou refém
A um trecho que ofusca
Esse gozo que se busca.

É estranho—eu nem sei dizer
Como posso ter fé,
Mas insisto até,
Porque acho que se eu fizer
Uma escolha mais triste,
Tendo fé que desiste,
Piorava o problema,
Descartando qualquer gema.

Portanto, nem penso assim—
Acredito em ti,
E em tudo aqui
Estou certo que não é a mim
Que me cabe ordenar,
E se eu abanar

Num mergulho abafado,
Tu seguras o meu fado.

Pode ser que o gozo regresse,
Mesmo sem eu prever,
E até pode haver
Um riso que não apetece,
Demonstrando à dor
Que existe um ardor
Que o fado tem guardado,
Mas agora está vedado.

19 Set 2014

O fado não se escolha, e às vezes a alegria esconde-se.
Mas é a vida que Deus nos deu, e a fé entende que é
mesmo assim—e, ainda, que a felicidade há de vir.

FATALISTA

Sim, sou fatalista—
Só sei ser assim,
Com alma fadista
Que poisa em mim.
O fado conheço—
Não há outro rumo,
E nunca despeço
O ar que consumo.

As nuvens, as brisas,
Que passam no céu,
São suaves poetisas
Falando do véu
Que tapa a vista
E vai desvendando,
Com dica fadista—
Lá soa, voando.

Pois sopram os ventos,
A vida prossegue,
Com abrandamentos
Que ninguém consegue
Tornar despachados—
Quais ritmos e climas—

São fados achados,
São letras e rimas.

Mas dentro de tudo
Persiste a saudade,
E isso não mudo,
Nem tenho vontade—
O fado que clama
Só sabe de anseio,
Pois quando se ama
Não há outro meio.

20 Set 2014

O fado é fado—é fatalista, pois é fixo. A vida tem as suas variações, mas o fado não se altera. O que sempre o acompanha é a saudade, o anseio de quem sabe amar—o anseio por quem se ama.

AGRADEÇO

Não é fado divino—
Vem de dentro, do peito—
De inteiro, inclino
Meu sincero respeito
Por aquilo que é
Ter um Deus soberano,
E eu sei que a fé
Não me serve de engano.

Afinal este fado
Vem de Deus e estou grata.
Não me sabe a enfado,
Nem é lágrima chata—
O amor que me deu
Fez em mim algo lindo,
E na alma sou eu
Que me sinto abrindo.

O maior obrigado
É palavra pequena,
Mesmo se for regado
Por mais uma dezena,
E jamais pode bastar
Para dar o devido,

Pois então vou gastar
Este amor atrevido.

E então agradeço
O que me foi entregue,
E no fado expresso
Um amor que consegue
Fornecer ao que sou,
Lá de Deus, um abraço,
Que a ti já passou
A ser o que eu faço.

27 Nov 2014

É um fado de gratidão por um amor vindo do alto, de Deus. Não se podendo agradecer devidamente, responde-se amando rigorosamente.

CASA CHEIA

Não há gente na plateia,
Nem assento sequer,
Mas a casa está cheia
Com alguém que requer
Toda a minha presença,
Desmedida, imensa.

Apareço e canto,
Sem censura na voz,
E por vezes é pranto,
Ou um grito feroz,
Ou mais suave e com calma,
Como manda a alma.

Não é canto perfeito,
Mas tem algo de bom,
Porque vem do meu peito,
Indicando um tom
De profunda entrega—
Para já isso chega.

E o Deus que me escuta
Já conhece tão bem
Todo o gozo, a luta—

É fadista também,
O meu fado impondo—
Logo nada lhe escondo.

28 Nov 2014

Trata-se de um canto de expressão aberta perante o
Deus que tudo entende, que tudo atende, que tudo
determina.

NÃO MORRAS, ESPERANÇA

Não morras, esperança,
Nem fales do fim—
Respira em mim,
Enquanto te cansa
Manter o ardor
No meio da dor,
Qual ai sucessivo
Num vale agressivo.

Cá vou derrapando—
Do cimo caí,
E já me perdi,
As penas tapando
Perante os demais
Que não sabem quais
Os gritos que escondo,
Que não vou dispondo.

Ó alma, desperta!
Não deste tudo já—
Derrota não há
Enquanto aperta
A falta de sorte,
A sombra da morte,

Que ganha vantagem
E só faz chantagem.

Eu nunca admito
Assim sufocar,
E vou invocar
Aqui outro grito,
Do berço do vale—
É bem contra mal—
Escuta, repara:
A vida não pára.

20 Dez 2014

Desta vez, inspirou-me um ditado português: A esperança é a última coisa a morrer.

ÃO E O CAIXÃO

Eis que levanto
Meu triste apelo,
Dizendo quanto
De dentro anelo,
Pois quero de ti compaixão—
Afasta de mim o caixão.

Já me enfio—
Na alma eu morro—
Quase nem confio
Que venha socorro,
Enquanto me deito a sós,
Num leito tão vil e atroz.

Este é um luto
Que dura há anos—
Hoje eu refuto
As dores, os danos,
Querendo sair-me daqui,
Da cova em que me caí.

Deus, o que achas
Do meu sofrimento?

Nunca despachas
Enquanto aguento
As sombras paradas no ar—
Porquê não as queres dispersar?

Não falas alto,
Mas já respondeste
Ao sobressalto
Tão forte e agreste,
Mantendo a vida em mim,
Então eu descanso assim.

24 Dez 2014

Quando o sofrimento continua e continua, é possível chegar a pensar que temos mais compaixão do que Deus, o Deus que se identifica como compassivo, mas que não intervém. Mas não é o caso. Ele é soberano, conhece a situação do aflito, e nunca descarta o seu amor. É insondável.

NÃO TENHAS MEDO

Não tenhas medo,
Descansa,
Avança—
Faz do teu credo
Um ato concreto,
Aqui no cinzento,
Nem branco nem preto—
É este o momento.

A ti te parece
Loucura
A cura,
Pois isto carece
De mais algum dado,
De mais garantias,
Mas sendo teu fado,
Tu não te desvias.

Ganha coragem,
Não temas,
Nem tremas—
Tu tens a vantagem
De um fado robusto,

Repleto e cheio—
Assim não há susto—
Não tenhas receio.

25 Dez 2014

Inspirei-me na mensagem que um amigo escreveu para o seu leque de amigos, com o tema Não Temas, incentivando a uma vivência sem temor, e a ter a coragem para amar intencionalmente aos familiares, ao emprego que se tem e a Deus. Isso mesmo, que assim se faça!

ESPREITA O ANO

Lá espreita o ano,
O ano completo—
Se não me engano,
Há cada afeto
Que lá me espera
Nos dias vindouros,
E, ó, quem me dera
Livrar-me dos choros.

A dor evitava,
Seria banida,
Pois tanto agrava
Os dias da vida,
Mas eu não consigo
Fazer assim tanto—
Formar um abrigo
Do choro, do pranto.

O ano já pesa,
Enquanto começa—
A dor, a tristeza,
A lágrima espessa—
É demasiado
Fazer aqui disto

Um único fado,
Então eu insisto,

No hoje que eu tenho,
No dia que poisa,
Com muito empenho,
Fazer uma coisa:
Amar com coragem—
É esse meu intento,
Ganhando vantagem
A cada momento.

3 Jan 2015

No início do ano, poderia ficar imersa em pensamentos acerca dos dias e desafios e dores pela frente. Mas, antes, inspiro-me nas palavras do meu amigo, insistindo na primazia de amar intencionalmente, dia após dia.

CONHECER É AMAR

Conhecer é amar,
E é mesmo assim—
Mergulhado no mar,
Fiquei fora de mim—
Deixando atrás
Meu ego sagaz,
Aprendi quem tu és,
Abracei o teu ser,
E amando de vez,
Foi assim conhecer.

Pois quem ama, entende
O que mais ninguém vê,
E de dentro defende
Com a alma até,
Na vida, na morte,
Na vaga sem sorte—
Foi assim entre nós
Neste fado aqui,
Um amor tão feroz,
Como nunca mais vi.

14 Mar 2015

Faz parte do curso de treinamento dos militares israelitas uma instrução na história e património do país, conforme observei pela sua presença no museu de Jerusalém. Comentou a nossa guia que "conhecer é amar"—e que ganham assim uma afinidade para com a pátria. O conceito é acertado. E aplica-se a outros casos.

UM TOSTÃO

Eu tenho um tostão,
Aqui na minha mão—
Vai, toma, que é teu—
Já vi que não é meu.
Eu dou-te pela fé,
E tenho mais até,
E tu lá vais
Com poucos meios—
Eu nem sei quais
Os teus receios,
Pois essa falta que enfrentas
É abrangente, mas lá aguentas,
Mas ouve-me só aqui:
Eu estou ao pé de ti—
É meu o teu problema,
É nosso o poema.

24 Abr 2015

O problema do outro é um problema partilhado comigo. Assim é que se vive abertamente em comunidade, compassivamente e ao pormenor.

HOJE É A BRUMA

Hoje é a bruma
Que se espalha,
Encobrindo o meu campo como um manto.
Sem voz nenhuma,
Esta malha,
E o céu quase que caiu de cada canto.
Será isto beleza,
Ou traz mais incerteza,
Quando tapa minha vida com um véu,
Quando traz aqui à terra todo o céu?

Não vejo nada
No que poisa,
Nesta vista que oculta miradouros.
Só sei que cada,
Cada coisa
É a gota, gota, gota dos meus choros.
Se isto fosse poesia,
Eu sei o que fazia—
Eu veria nisto tudo o amor,
Mas por hoje parece que paira o pavor.

22 Ago 2015

Saí cedo para correr, e sobre os campos poisava uma bruma curiosa. Que conclusões a tirar de uma cena tal? Será sinal de algo bonito e agradável? Será um terror assustador? Que perspetiva a ter sob uma nuvem que nos pesa em cima? Para já, não se sabe.

NADA MAL

Enfim, não tenho nada,
Mas já é bastante,
É algo constante.
É coisa que agrada,
É zero, é base,
É tudo, é quase.

O nada dá-me espaço,
É fornecedor
De preto, de cor,
De branco com que faço
O que Deus quiser,
Com todo o meu ser.

O nada não desprezo,
Pois não me roubou
Daquilo que sou.
Já sonho sem o peso
De trapos e tal—
Não vou nada mal.

3 Out 2015

O nada, conforme a perspetiva do meu amigo, pode não ser negativo. É o ponto de partida para algo que poderá ser agradável.

O FADO SABE O RESTO

O fado sabe o resto—
Eu nem lhe pergunto,
Não é meu assunto,
E isso não detesto—
Eu nisto não mando,
E cá vou andando,
Pois vivo um dia de vez,
Mas sonho por mais, como vês.

Eu sonho com o fado,
Com alma desperta—
Ninguém me aperta—
Mas tenho o cuidado
De ter muita calma
Com isto da alma,
Pois fado é fado, pois é,
E vivo aqui pela fé.

19 Dez 2015

O fado sabe o que será. Sendo assim, fico satisfeita, com uma alma que sonha.

REALIDADE E FANTASIA

É realidade
Ou é só fantasia?
Não sei o que é.
É fado, saudade,
Ou é só demasia,
Ou menos até?
É só o que quero fazer,
Conforme o meu belo prazer?

É lei ou padrão
Que não é um brinquedo,
Pois vem lá de Deus?
Eu penso que não
Hei de ver tudo cedo,
Nem dizer adeus
A tal pensamento assim,
Pois dita o fado em mim.

O povo lá vai,
E lá faz como acha,
Em nome do amor,
E logo ele cai
Numa morte que despacha
Um grito de dor,

Com dano e luto e mais,
Em almas que são imortais.

Pois não pára já
Esta minha vidinha—
Há hoje e além.
Eu creio que há
Mais paixão que a minha,
Mas não há ninguém
Que sabe entender tal e tal—
Só Deus tem o ponto final.

9 Fev 2016

Falámos de como encontramos nas Escrituras certos
princípios e, também, caso após caso de pessoas que
agiram de forma variada. Afinal, o que é correto? São
questões de amor, são questões de vida, são questões
eternas. Só Deus é que sabe definitivamente.

TER OU NÃO TER

Entre ter ou não ter,
Não te posso dizer
A diferença que faz—
Seja menos ou mais,
Não são coisas vitais,
E eu sou incapaz
De prender
Qualquer coisa na mão,
Ou encher
Todo o meu coração
Com qualquer coisa dessas—
São só pequenas peças,
E acho afinal
Que, tendo nada, ganho,
E não o acho estranho,
Nem fico nada mal,
Pois sou
Uma alma amada—
Não me falta mais nada,
E vou
Nesse amor que me basta,
Nesse amor que afasta
A pobreza em mim—

Com certeza que sim:
Tenho todo o amor,
E eu canto assim—
Tenho todo o amor.

6 Mar 2016

O meu amigo disse: A generosidade é reconhecendo que tudo que tenho ou não tenho pertence a Deus e utilizando-o para o seu propósito. Ser ou não ser. Ter ou não ter.

TUDO VALE A PENA

Sim, tudo vale a pena—
Eu não duvido nada—
A força é pequena,
A alma arrojada—
A alma sempre cheia,
Que sonha e anseia,
Perante cada não,
Avança então.

Avanço porque quero
Saber no fim do dia
Que ao teu desespero
Eu trouxe a alegria,
E não fiquei parado,
Pensando que o fado
Só fala de dor—
Há algo melhor.

Há algo que perdura
Além da pena toda—
O fado sabe e jura
Que o virar da roda
Não é só um lamento,

Mas um deslumbramento,
Que vem revelar
O que é amar.

23 Abr 2016

Dá-se e ama-se, com prazer. Tudo vale a pena se a alma não é pequena.

FICO NO FADO

Eu fico no fado,
Nem quero sair,
E há um bocado,
Cantei a sorrir.
Às vezes lamento,
Com cara mais triste,
Mas tudo enfrento,
Tal como já viste.

O fado não erra,
Nem vou duvidar,
Firmado na terra,
Ao largo do mar.
As ondas de canto,
Com cada maré,
São gozo e pranto,
E é o que é.

Eu canto seguro
No fado aqui,
Mas o meu futuro
Ainda não vi.
As ondas fadistas

Lá tratam de mim—
Aceito as pistas,
E vivo assim.

21 Mai 2016

No fado, há terra e mar, firmeza e fluidez. Maravilha-
-se com tudo.

NÃO OLHES ATRÁS

Cuidado, cuidado,
Não olhes atrás,
Pois o teu passado
Em tempos te faz
Viver o momento
Com dor e pesar—
É choro, lamento,
Tristeza, azar.

Abraça o dia,
Avança então,
Com mais alegria,
Ou pode ser que não.
Não andes com essa
Saudade por aí,
Pois o que interessa
É isto aqui.

28 Mai 2016

Cuidado com as recordações do passado, pois poderão caçar-te.

SURPREENDIDO

Eu creio, eu creio,
Que tu és capaz,
E não há refreio
Qualquer que te faz
Ficar impedido,
Ou surpreendo,
Pois só tu és Deus,
E todos os meus
Cuidados
E fados,
São realmente teus.

Porém, entretanto,
Eu sofro aqui—
É tanto e quanto,
Conforme nunca vi—
Mas creio, e oro,
Enquanto eu choro,
Pois sei que tu és
O Deus que me fez,
E pronto—
É ponto
Final outra vez.

2 Jul 2016

Na imagem que o meu amigo me enviou no dia anterior, lia-se: Nada é uma surpresa para Deus. Nada é um problema para Deus. Tudo é possível para Deus.

EU SOU

Eu sou, nada mais,
E Deus também é—
É muito até.
As coisas são tais,
E sendo assim,
O fado em mim
É algo do qual não desisto—
Eu sou e, portanto, existo.

Existo no chão,
E olho ao céu,
Sabendo que eu
Não tenho noção
De muito aqui,
Mas já descobri
Que sou e sou muito amado—
É algo eterno, é fado.

10 Dez 2016

Os dias desenrolavam-se, com situações difíceis para o meu amigo. Perguntei-lhe como estava, e disse-me simplesmente: Eu sou. E Deus é.

A CHUVA PASSOU

A chuva passou,
E o que ficou
É cinzento.
O peso no ar
Cá veio ficar,
E lamento—
Tristeza, que inundação—
Os dias de sol, onde estão?

A chuva desfez
A cor, lés a lés—
Afogou-me.
Caiu sobre mim
Cinzento, enfim,
Assustou-me,
Pois tudo tornou-se tão triste,
E sei que também o sentiste.

A chuva lá foi,
Mas o que me dói
É a nuvem.
A nuvem na mente
É o que se sente

Na paisagem,
Mas eis que há sol e calor
Na suavidade do teu amor.

28 Jul 2018

Após tantos dias de chuva, pensava que o meu amigo se alegrasse com a abertura nos céus. Mas não, porque estava sob a sua própria nuvem. Portanto, continuei animada, suavemente.

DIA DE SOL

Então bom dia, Deus—
Mas que dia!
O sol ascende nos céus—
Alegria,
Um gozo alegre por estarmos aqui,
Perante mais um dia, pensando em ti.

As nuvens, onde estão?
Não as vemos.
Com sol e com paixão,
Gozaremos
Esperança e gozo alegre e fé—
Que tal deste dia? Bem, logo se vê.

O sol resplandece,
Entretanto,
E não se esquece
Que há pranto
Em cada tormenta que possa tapar
O sol, mas contigo havemos de estar.

20 Jul 2019

Podemos começar o dia na incerteza do que está para vir, ou, inversamente, podemos estar confiantes porque Deus está connosco.

FADO VIAJANTE

*Poema declamado via Instagram Live no V Festival
de Poesia de Lisboa 2020*

Se sou fatalista?
Não sei,
Mas canto o fado,
Pois sim.
Se por ser fadista
Errei,
Deus livre o pecado
De mim,
Mas se sou um santo
Então aqui canto,
Eu canto mil vezes sem fim.

E quando eu quero
Cantar
De estar afastado
Aqui,
Cantando, eu espero
Estar
Só mais apegado
A ti.
O fado dá certo,
Viajo mais perto—

Escuta, já estou quase ali.

E não há um dano,
Pois não,
Cantando, sonhando,
Com fé.
Eu não te engano,
Então,
E não estou pecando,
Até,
Mas canto baixinho:
Já vou a caminho,
No fado do meu coração.

21 Jul 2019

Entreguei este poema ao meu irmão antes de ele viajar a Portugal de férias, visitando aquele precioso país
após um período prolongado de ausência. Até que
enfim, o fado foi até lá.

COM

Contigo é assim—
É vida em cheio,
E não falta nada.
Conheces-me a mim,
No fundo, no seio,
E isto agrada,
Pois nada me vai separar
De ti no meu ser e estar.

Contigo vivo mais—
Não é qualquer fado
De rumo incerto.
Em dias como tais,
Tu sempre tens estado
Comigo, por perto,
E dentro da alma eu sei,
Contigo permanecerei.

10 Ago 2019

Inspirado pelo livro <u>With</u>, de Skye Jethani.

RIO LA VIEJA

Nas águas do rio,
O rio comanda,
E sigo então.
Não sei de fastio,
E tudo lá anda
Sem qualquer senão.

É rápido, lento,
O rio, a alma
Lá segue com prazer.
Não há pensamento,
Apenas a calma
Feliz no meu ser.

24 Ago 2019

O Rio La Vieja na Colômbia corria suavemente, e nós com ele.

O QUE CALHA

O fado é o que nos calha—
É vida tal como deve ser,
E o meu destino não falha,
Mas hoje eu gostava de ter
Mais fé e maior confiança
No fim que o fado alcança.

O fado é Deus que sustenta,
E faz tudo isto por bem.
Nos dias piores, ai, aguenta—
Deus não abandona ninguém.
Se busco a Deus no meu fado,
Já sei que está tudo firmado.

12 Out 2019

Como combinar o fatalismo do fado com a fé? Há que confiar no Deus que faz tudo bem.

EMANUEL SOA

Emanuel, sim, soa bem,
Nos lábios, na língua, na voz,
É uma canção inteira.
Deus é connosco, amém,
Na alma já não estamos sós.
Sim cantem aí quem queira,
Mas escutem-me lá—
Meu Deus, onde está?

Há dias vazios em mim,
Sem canto no meu coração,
Só soa um triste anseio.
Emanuel, mesmo assim
Ecoa sem qualquer canção—
Silêncio, sempre creio,
E já vou cantar—
Deus está para ficar.

24 Dez 2019

Emanuel significa que Deus é connosco. Sempre.

ANO NOVO VIDA NOVA

O ano é novo,
A vida não é,
E dentro do povo
Faz falta até,
Um pouco de novidade—
Só poisa aqui saudade.

Saudade do passado,
De tudo que foi,
Lamentos de fado,
Da alma que dói—
A alma não vê senão
A sombra do coração.

Deus sabe tudo isto,
E sabe muito mais,
Portanto, persisto,
Sabendo que tais
Lamentos vão terminar,
E sempre hei de amar.

31 Dez 2019

Com o início do ano novo, todos os tempos encontram-se. E o melhor encontro é no amor.

SEMPRE SOBERANO

Deus é sempre soberano,
E sabe muito mais,
Mais que eu, um ser humano,
E aponta quais
As gotas de um tal aguaceiro,
As nuvens que chegam primeiro.

Cada nuvem vem no vento
Que Deus também traz—
Forte, veloz ou suave e lento,
Deus é quem o faz
Cair cada gota celeste,
De forma subtil ou agreste.

Tal como na natureza,
Deus faz tudo bem,
Não há qualquer incerteza
Que o faz também
Na vida de cada pessoa,
Com gozo ou mesmo que doa.

Cada vez que eu respiro,
Tudo o que sou,
Deus conhece cada suspiro,

E não acabou
De dar seu amor abundante,
E graças a Deus vou avante.

11 Jan 2020

Deus é sempre soberano, sabendo e concedendo conforme ele quiser.

VOAR

Não quero cair—
O medo é tal
Do desconhecido.
Eu quero sair
Do fado fatal—
Estou como vencido.
Deus sabe como é,
Eu vivo por fé.

A vida não dá
A facilidade
Que tanto queria.
Em tudo que há,
Há fragilidade—
Sem Deus não vivia.
Deus sabe como é,
Eu vivo por fé.

Mas sei que também,
Eu posso voar,
Em vez da caída.
Ninguém me detém,
Eu vou procurar

Os altos da vida—
Deus sabe como é,
E vivo por fé.

8 Fev 2020

O meu amigo disse-me que podemos estar preocupados com a possibilidade de cair ou, ao contrário, podemos ponderar a prospetiva de voar.

SÁBADO

É sábado, hoje é o dia,
E amanhã também,
Por muito mais além.
A pausa que ninguém previa,
No meio do labor:
Paragem com rigor.

Deus sabe o que faz, com certeza—
Ficamos sem fazer,
E não sabe a lazer,
Mas nisto há uma surpresa—
É só apetecer
Parar, agradecer.

A vida, o ar que respiro,
São dádivas de Deus,
Os bens já não são meus,
E nisto apenas prefiro
Amar, amar, amar,
E nunca mais parar.

21 Mar 2020

O coronavírus impôs uma série de sábados, um descanso imprevisto, decretado sobre cada cidadão, por Deus.

CONTÁGIO

Quem é contagioso?
Eu não sei,
E quase nem quero saber.
É muito perigoso
E fiquei
Sozinho, só a temer,
No meio desta gente—
Não quero estar doente.

E nesta quarentena
Vou ficar,
Sem um beijinho ou dois.
E acho muita pena
Afastar,
Mas cumpro para depois
Não ser mais a razão
De outra infeção.

Mas tenho a coragem,
Isso sim,
De prosseguir em amor.
Façamos a contagem,
Isso sim,

De mais amor, onde for,
Amando mais e mais,
Nos dias tão virais.

28 Mar 2020

O risco de contágio do coronavírus impõe regula-
mentos de afastamento, mas nada impede o amor.

NO PARAPEITO

Hoje é como ontem no meu peito,
Um dia quase sem nada que fazer.
Ponho-me aqui no parapeito,
Olhando para longe, sem saber,
Se lá no horizonte vem alguém—
Vem cá, ó mensageiro, corre, vem.

Vem, ó mensageiro, com novidades,
Que lá, enfim, a guerra se ganhou—
Em cada campo e lá nas cidades,
Por fim a luta toda terminou.
É isso que gostava de ouvir,
Mas sei que o pior está para vir.

Porém, do parapeito vejo mais:
As flores em cada campo a brotar,
E na brincadeira dos pardais,
Animo-me e fico a pensar—
A terra não parou no seu viver,
E vai ficar melhor, se Deus quiser.

Então do parapeito vou clamar,
A toda a terra e também aos céus:

Até a pandemia terminar,
Nós temos que honrar o nome de Deus—
Já sou um mensageiro desde aqui,
Espalhando fé e vida por aí.

3 Abr 2020

Espera-se no parapeito por um mensageiro trazendo notícias de vitória, mas enquanto isso não vier, há que perseverar com esperança em Deus.

MÁSCARA SORRIDENTE

Não é uma vergonha,
O medo que conténs—
A cara tão risonha,
Mas no sorriso tens
O medo também lá escondido,
Tapado, desapercebido.

A máscara que usas,
Sorrindo por aí,
Revela que recusas
O pânico, mas vi
O medo lá numa olhada—
Pensavas que eu não vi nada.

Eu digo duas coisas:
Primeiro, fazes bem—
A cara com que poisas,
Sorrindo ao que vem,
É bela e é corajosa
Na vida tão má, perigosa.

Segundo, digo isto,
Não te esqueças, não:

Com Deus está tudo visto—
Ele vê teu coração,
E em cada medo tapado,
Segura-te no seu cuidado.

6 Abr 2020

As pessoas andam por aí sorrindo, mas poderá ser uma máscara, pois trazem em si muito medo no meio desta pandemia.

Ó PÁSSARO

Olha lá, pássaro,
Que tal de ti,
Cantando, tão feliz?
Um dia bárbaro
Vive-se aqui,
Conforme o povo diz—
A vida está tão arrasada—
Ó pássaro, não sabes nada.

Será o oposto—
Tonto sou eu,
Sou eu que penso mal?
E no meu desgosto,
Algo morreu—
É algo como tal—
Além desta morte e doença,
É gente como eu que não pensa.

Além deste pranto,
Pensando bem,
Conforme tu já mostraste,
Há um belo canto,
Muito além,

E tu não acabaste—
Há vida na terra ainda—
O pássaro sabe que é linda.

Nós fomos criados
Todos por Deus,
Os pássaros e nós,
Na terra poisados,
Ou lá nos céus,
E todos temos voz—
O dia da morte não sabemos,
Mas, pássaro, juntos cantemos.

8 Abr 2020

Se os pássaros continuam a cantar, como que louvando o Criador, quem somos nós a parar?

DAR A VIDA

Há algo que se perdeu
Aqui naquele dia,
E quando Jesus morreu
Ninguém entendia,
Que íamos querer mais ver
Do modo do seu bom viver.

Jesus na vida mostrou
A vida perfeita—
A gente que o rejeitou,
Ainda rejeita
O seu padrão tão singular—
A vida é para se dar.

Dar vida não apetece,
É triste, coitado—
Há quem que se ofendesse,
Sofrendo tal fado,
Querendo viver só por si—
Às vezes assim já vivi.

Mas entendi que há mais
Na vida sofrida,

E Jesus mostrou-me quais
Os prazeres da vida,
Pois dando o seu grande amor
É vida, e não há melhor.

10 Abr 2020

Sendo 6ª Feira Santa, ponderei que quando Jesus deu a sua vida por nós, ficámos sem poder ver de perto como se vive a vida na terra da maneira perfeita como ele o fazia.

DIA FELIZ

Da sepultura saiu,
Tal como antes previu—
Três dias depois,
Não um e não dois,
Quebrando o luto de vez,
Naquela manhã, dia três.

Tudo mudou desde então—
Claramente tinha razão—
Não há que temer,
Apenas viver,
Sem medo do dia da morte—
A ressurreição é mais forte.

Não é tão simples assim—
Tenho tristeza em mim,
Tenho saudade,
E tanta vontade
De ver outra vez como foi,
Naquela manhã, que me dói.

Dias de morte, tantos há,
Mas isto acabará—

Bem, quando, não sei,
Mas já confiei,
E sei que ele faz o que diz—
Jesus vive, dia feliz.

12 Abr 2020

Na manhã da ressurreição, vê-se a realidade verda-
deira da vida de Jesus.

BORIS JOHNSON

Hoje é um dia defunto—
Só clamo, "Ai de mim,
Já não aguento mais!"
É todo um conjunto
De lágrimas sem fim,
E pensamentos tais,
Que quase nem consigo chorar—
Mais disto não vou aturar.

Desperto muito cedo—
O dia pela frente
É um vazio tal,
Pairando este medo
Se ficarei doente,
E se vai ser fatal,
Pois para escapar, quem sou eu?
Há já tanta gente que morreu.

Mas outros sobrevivem,
Pois de repente lembrei
Do que eu ontem li:
Luís, da enfermagem,
E Jenny—quase nem sei,
Só conto o que vi—

Ficaram ali a cuidar
De Johnson de um modo ímpar.

48 horas
Ficaram lá ao pé,
E ele recuperou.
Ó alma, já não choras—
Ficaste melhor até—
O medo acabou.
Há vida e mais por viver,
Com esperança que não vai morrer.

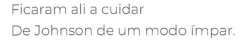

Boris Johnson, o Primeiro Ministro do Reino Unido,
ficou internado nos cuidados intensivos do hospital
St. Thomas em Londres, muito doente devido ao
coronavírus. Quando enfim recuperou, elogiou dois
enfermeiros, Luís Pitarma de Portugal e Jenny Mc-
Gee da Nova Zelândia, dizendo que os dois tinham
permanecido ao pé dele durante 48 horas "when it
could have gone either way."

FADO TRISTE

Nem tudo é tristeza,
Nem tudo é tão triste—
Podes ter esta certeza,
A vida não desiste
De dar uma volta ao fado—
Não estejas assim resignado.

Eu sei como fadista,
O fado entristece,
E dou-te uma pista:
A alma agradece,
Pois quando o fadista canta
A vida já não nos espanta.

Às vezes o que basta
É ter uma canção,
Que suavemente afasta
O dó do coração,
Lembrando-nos que não estamos
Sozinhos no que lamentamos.

Eu canto mais um tanto,
Para que ouças bem,
Sabendo entretanto,

Que escuta mais alguém—
É Deus, que no fado, na vida,
Conhece a tristeza sentida.

E em qualquer lamento
Do fado Deus está—
Conhece o sentimento,
E o animará—
Confia, confia, confia,
Na tristeza há alegria.

16 Abr 2020

Tipicamente, o fado é triste, mas com Deus há alegria
por aí.

A FESTANÇA

Não é um feriado,
Nem há qualquer desfile.
O povo animado
Pede, "Só mais um barril!"

O vinho é do Porto,
De todo o país,
E o melhor desporto
É estar e ser feliz.

Não faltam os petiscos
De cada região,
Sardinhas e mariscos,
Chouriço e leitão.

O rancho já lá dança—
Bailemos nós também—
Que festa, que festança,
Sim, isto sabe tão bem.

A festa foi marcada
Só para celebrar,
Sem máscaras, nem nada,

Juntinhos a bailar.

A triste pandemia
Passou, enfim, enfim—
Só resta alegria
"Vai mais um copo?" Sim!

E grita-se na pista,
Aqui e onde for,
"Já vem aí fadista!
Silêncio, por favor!"

Lá canta, "Minha gente,
Vós que aqui estais,
Os dias pela frente
Já não serão fatais.

A vida que nos resta
É para se viver.
Vós, povo, nesta festa,
Tenhais esse grande prazer.

Mas lanço um assunto
A cada um de vós,
Cantando, só pergunto,
Sem Deus, quem somos nós?"

18 Abr 2020

Quando passar a pandemia, vai apetecer festejar, mas temos que recordar que toda a vida provém de Deus.

APAGÃO

Aqui nesta estrada estreitinha,
Não vejo, nem com os faróis.
A rapidez com que eu vinha
Não chega a nada depois,
Se não vou a lado nenhum,
Sem ter a visão do costume.

Então nesta estrada abrando,
E vejo um pouco melhor,
Mas a cada metro que ando,
Já ando de mal a pior,
Portanto, vou ter que parar
Na berma, e estacionar.

Eu ligo a rádio e escuto
O mesmo em cada canal,
Um homem de tom resoluto,
Dizendo: "O mundo está mal.
A terra já fica sem luz.
Não saiam, e não se conduz."

Com isto, o homem que fala
Assusta, eu vou admitir,
Então quando este se cala,

Eu fico aqui a ouvir
Em cada canal, tanta gente,
Falando de forma diferente.

Transmitem já com bateria,
E cada um quer opinar:
"O grande apagão deste dia,
Que poderá significar?
E qual é a grande solução
Do mundo com este apagão?"

Já chega, o carro desligo,
Parado aqui onde estou.
A rota em que eu prossigo
Já nem é aonde eu vou—
O que me interessa aqui
É o que agora ouvi.

O mundo está todo tão escuro,
O povo já anda sem ver—
Na alma apenas procuro
Prestar atenção e viver,
Esperando a luz que virá
De Deus, que iluminará.

20 Abr 2020

Esta pandemia é como um apagão em que prolife-
ram as opiniões. Só Deus consegue acender a luz em
cada coração.

PAÍS DOS COITADINHOS

Poema publicado na antologia "R-Existir: a poesia como afirmação de nossa identidade" e declamado via Instagram Live no V Festival de Poesia de Lisboa 2020

Se somos o país dos coitadinhos,
A culpa é de cada um de nós—
Aqui em casa e lá os vizinhos,
Herdámos a pobreza dos avós,
Pensando que nós não valemos nada,
Mas isso é riqueza descartada.

E neste jardim à beira mar plantado,
A terra que é nossa desde então,
Na língua de Camões e Saramago,
Clamamos pelo Dom Sebastião—
Os bens de todos os Descobrimentos
Tornaram-se apenas em lamentos.

Julgamos que não temos muita sorte,
Sem caravelas para navegar,
Mas entre esta vida e a morte,
O fado nada vai desperdiçar—
Heróis do mar e desta triste terrinha,
Há muita coisa que se avizinha.

Mas para isso há que ter coragem,
Perante a nossa triste pequenez,
E sendo lusitana a linguagem,
Eu canto mais um fado outra vez:
"Ó povo, povo que lavas no rio,
Eu te pertenço neste desafio."

O Dom Sebastião não deixou rasto,
Mas não se perdeu tudo para já.
Eu tenho fé no fado e afasto
O ar de coitadinho porque há
Um Deus que na saudade traz certeza
De que a vida pode ter mais grandeza.

22 Abr 2020

Os portugueses acham-se o país dos coitadinhos, di-
minuídos pelo planeta, mas há que contornar o assunto pelo poder de Deus.

O RUÍDO

Suavemente,
Escuto no ar,
Ou seja, não escuto quase nada.
De repente,
Só quero estar
Escapando numa frota blindada,
Mas não ouço nem uma só bala—
É sossego apenas que fala

O ruído
Até nem existe—
É só dentro da minha cabeça.
Tinha crido,
Com fé que persiste,
Mas agora a fé não interessa.
Eu pensava que Deus estava perto,
Mas o clima aqui está incerto.

Esquisito
É este contraste,
Entre sons aqui dentro e fora.
Estou aflito,
Não há quem afaste

O ruído que escuto agora—
São loucuras que eu imagino,
Existindo sem ter um destino.

Calma, calma,
Sim, há aflição,
Mas há mais do que ansiedade.
Minha alma,
Ó meu coração,
No ruído persiste a verdade—
Essa fé vale a pena, descansa—
Deus está perto, que suave esperança.

24 Abr 2020

Apesar do silêncio, há quem esteja aflito, sentindo um
distúrbio disfarçado pelo sossego.

GOTAS

7, 8, 9, 10—
Já me perdi outra vez,
Contando as gotas que caiem do céu.
1, 2, um e dois—
Fico tonto e depois,
O tonto molhado na rua sou eu.

Um aguaceiro,
Um passatempo louco—
Há já tantas gotas que enchem a mente.
Antes, primeiro,
Eu espero mais um pouco,
E faço contagens, mas já é diferente.

Oro, amigo,
Por ti e outros tantos,
Que Deus te dê força e gozo e paz.
Conta comigo—
Nem sei, mas Deus sabe quantos
Amigos e gotas, pois ele é capaz.

24 Abr 2020

Em vez de gastar tempo contando as gotas de chuva, podemos orar por gente sem conta.

PAZ INCONTIDA

É neste sossego,
Que eu me apego
A Deus—não há alternativa,
Porque não há nada
Que mais me agrada,
Além desta vida tão viva.

É puro encanto,
Vivendo enquanto
Eu sei que Deus está a meu lado,
É tal alegria
Que eu bem podia
Ficar assim mais um bocado.

Mas sei que o mundo
Não tem este profundo
Prazer, porque há sofrimento,
Então eu pondero
O seu desespero,
E Deus dá o deslumbramento.

Não é meu desejo
Marcar um festejo—
A dor não se tapa com festas—

E não há recurso
A qualquer discurso—
Ideias, já houve muitas destas.

Então simplesmente,
Com alma vivente,
Eu trago sossego comigo,
E essa postura
De paz assegura
Captar-lhes, depois eu lhes digo:

"Ó mundo aflito,
Jesus disse, repito:
'Não temam, não temam, não temam.'
Deus dá nesta vida
A paz incontida,
Além do que todos queriam."

26 Abr 2020

Nesta crise, podemos trazer ao mundo uma postura de paz, e isso tem o potencial de promover curiosidade. E aí, podemos conversar mais acerca da esperança que existe em Jesus.

TODOS A CANTAR

Eu, tu, ele, nós,
Há que conjugar,
Numa só voz,
Todos a cantar,
Ali, cada um no seu lado,
Um fado conjunto, cantado.

Estamos nisto,
Numa só canção,
E insisto
Que a tradição
Do fado sozinho sem garra,
Não é o que pede a guitarra.

Escuto, escutem,
Cada nota lá,
Pois sabe tão bem—
A guitarra está
Alegre, a letra é boa,
De todos, Coimbra, Lisboa.

Na cidade,
E pelo país,
A saudade

Não é tão feliz,
Mas como Amália, digo:
Foi Deus, então cantem comigo.

Está no peito,
Digo que foi Deus,
Este jeito
Depois do adeus,
De ter na saudade um encanto,
E é deste fado que canto.

Batam palmas,
Se apetecer,
Cantem, almas,
Com um só querer,
De ter um prazer lusitano—
É Deus, e eu não me engano.

28 Abr 2020

Foi Deus que me pôs no peito, na alma, um fado alegre. Cantem comigo.

ZELO

Eu faço questão
De zelar,
Por tudo que pode vir a ser.
Eu tenho razão
Para estar
Zelosa em todo o viver,
Senão esta vida não presta,
Mas não tenho mais do que esta.

Não quero olhar
Para trás
E ter só um grande oxalá.
Sim, há que ficar
Mais tenaz,
Pois tudo enfim passará.
Se hoje temos vida, vivamos—
Eu sei que vale mais que pensamos.

Não é o meu nome
Que merece
A força daquilo que sou,
E nada de bom apetece
Sem Deus, senão já acabou.

Deus deu-me a vida, deu tudo—
Se falo de mim, desiludo.

E pelo que vi,
O valor
Em tudo é isto: amar.
Se ontem vivi
Em amor,
Com Deus hei de continuar.
É esta a razão do meu zelo—
É Deus, é amor, é anelo.

30 Abr 2020

O zelo individual não tem importância se não tiver amor.

PRIMAVERA, ONDE ESTAVAS?

Então, ó Primavera, onde estavas?
Ou quer dizer, aonde estava eu?
Não sei como sozinha aguentavas,
Mas o meu gosto não arrefeceu—
Eu tenho estado sem qualquer noção,
Enquanto ensaiavas a canção.

Ai, mil desculpas por estar ausente,
Pois não me obrigaram a ficar
Em casa, presa só na minha mente—
É tal prisão que não se pode brincar.
Ó Primavera, não tive o prazer,
Por ter sempre mais outro afazer.

Mas já tenho mais folga na cabeça,
Enquanto que o mundo se fechou—
A pandemia retirou a pressa
Dos afazeres, e, portanto, estou
Aqui contigo para desfrutar—
Ó Primavera, vamos ensaiar.

Cantemos, Primavera, com frescura,
Das maravilhas todas ao redor—
Eu junto-me com cada criatura,

E o ensaio ganha mais fervor,
Pois Deus connosco sempre esteve aqui—
Ainda bem que eu apareci.

2 Mai 2020

Podemos estar tão ocupados com os nossos afazeres
que não aproveitamos as maravilhas que Deus faz
na Primavera.

POVO DESORDEIRO

Disseram-me um dia:
Nós temos cá um povo desordeiro.
Perante a pandemia
Não sinto gentileza, nem um cheiro—
Só faz cada um como quer,
E salve-se então quem puder.

Lá correm os boatos
Que só agravam a calamidade.
Os media são chatos,
E não estimulam qualquer dignidade—
Só dizem que tudo está mal,
Que vamos morrer afinal.

Mas no vosso desgosto,
Só vêem o assunto do avesso.
Levantem lá o rosto—
Eu ouvi outra coisa, não me esqueço—
Vá, prestem melhor atenção,
Pois isto não é invenção.

Ó povo fatalista,
No mundo andam todos estupefactos,
E pedem uma pista,

Querendo imitar os vossos atos.
Qual é o segredo, ó gente?
É grande e ninguém o desmente.

Não estejam conturbados,
Levantem lá a cara sem vergonha.
Ó Portugal dos fados,
A alma não deve estar assim tristonha—
Escaparam do vírus tão bem—
Deus sabe disso mais que ninguém.

4 Mai 2020

Disse-me uma amiga lisboeta que o povo português é desordeiro e que, sendo assim, a situação do coronavírus estava complicada. Porém, pelo mundo fora dizem o contrário, tendo ficado maravilhados por Portugal ter escapado ao pior.

A FRONTEIRA

Fascino-me com as fronteiras—
Suscitam em mim a vontade
De ultrapassar as barreiras,
E o que então me invade
É essa paixão da conquista
De terra ainda não vista.

Agrada-me a descoberta
Daquilo que ninguém conhece,
E se a viagem acerta,
Não há coração que confesse
Mais gosto por belas paisagens—
Assim são as minhas viagens.

Mas toda, qualquer aventura,
É mera imaginação,
Enquanto o vírus perdura
E não houver resolução
Da crise desta grande pandemia—
Que lástima, que agonia.

Mas mesmo sem qualquer passeio,
O espírito não se desfaz—

Eu sonho, almejo, anseio
Por ver o que está por detrás
Daquela fronteira que vejo,
E espreito daqui com desejo.

Eu vejo um mundo diferente,
Com gente a sonhar como eu,
E tudo está tão dependente
Do vírus que tantos varreu,
Portanto, eu fico espreitando
Até poder ir viajando.

Espreitando de forma restrita,
Eu vejo a terra, o mar,
E penso na alma aflita
Que pode estar ali a sonhar
Por ter mais alguém a seu lado—
Que Deus vá mostrar-lhe cuidado.

6 Mai 2020

Na pandemia, a vontade de viajar persiste, o desejo de ir à descoberta. Persiste também o pensamento de que pode haver por aí pessoas que se sentem sós, sonhando. Eu não posso ir, mas Deus sim.

AO LONGE

Ao longe vou,
Bem devagar,
E já nem estou
A lamentar
Aquela paragem forçada,
Que já me deixou animada.

Não há que ter
Agitação,
Ao percorrer
Com lentidão
A rua estreitinha da vida,
Que é uma longa subida.

Sobressaltos
Hão de vir,
Pontos altos,
No porvir,
E pouco a pouco se anda,
Sabendo que só Deus comanda.

E por aí
Se vê melhor,

Tendo aqui
Um tal amor,
Que nem o caminho assusta,
Mantendo a fé mais robusta.

Embora lá—
Aqui vou eu—
O vírus já
Faz parte do meu
Relato de grande aventura
Na rota, e vou bem segura.

8 Mai 2020

Devagar se vai ao longe. A crise do coronavírus e o desemprego apresentam desafios, e no meu caso esta semana trouxe um carro desgastado. Mas com Deus e a ajuda amável de outros, vai-se avançando, e com a surpresa de um carro novo.

CONFIANÇA

Que tal, então, da tua confiança?
Não digas que perdeste a esperança,
Pois isso não admito.
Eu não vou denegrir o sofrimento,
E escuto com ternura o lamento,
Mas é-nos interdito
O fatalismo que nos enfraquece,
E o pensar no que nos apetece.

A vida tem a sua incerteza
E desafios contra a destreza,
Sim, isso eu conheço.
A tua vida é como a minha,
Sem bem saber o que se avizinha,
Portanto, eu te peço:
Recorda que Deus não se esquece de nada,
E confiança é recompensada.

"Ouve lá," tu dizes, "é mais complicado.
Tu não conheces o meu triste fado."
Está bem, mas estou contigo.
Às vezes tens a vida por um fio,
E não aguentas mais um desafio,

Portanto, eu te digo:
O amanhã pode ser pior ainda,
Mas no final a fé será bem vinda.

A fé é grande mesmo se pequena,
A confiança sempre vale a pena—
Não é só teoria.
Deus cumprirá por todo a promessa,
Mais cedo ou mais tarde mas não depressa,
E lá virá o dia
Da recompensa pelo que sofreste,
E não há fado bem melhor que este.

10 Mai 2020

"Não rejeiteis, pois, a vossa confiança, que tem grande e avultado galardão." Hebreus 10:35

A VANTAGEM DA CORAGEM

Descansa, respira
Um pouco de ar—
A terra só gira
Assim devagar—
Já basta da tua tontura,
Sintoma da tua bravura.

Tem calma, abranda,
Sem nada fazer—
O mundo não anda
Assim a correr—
As coisas às vezes demoram,
E a tua pressa ignoram.

O que está no fundo
Do gozo que tens,
Enquanto o mundo
São todos reféns,
Cativos por uma doença?
O gozo é uma ofensa.

Tu falas de vida,
Eu falo de morte,

Tens fé tão garrida,
Eu tenho má sorte,
E já nem faz qualquer sentido—
É chato, já estou tão metido.

Mas pouco a pouco,
Eu vejo em ti,
Que estás menos louco,
Ou antes não vi
O brilho nos olhos, e pronto,
Já sei que tu não ficaste tonto.

Agora eu quero
Saber como é
Não ter desespero,
Viver pela fé—
Parece que tu tens a vantagem,
E quero a mesma coragem.

12 Mai 2020

Quem tem fé, coragem e felicidade numa crise como esta pode parecer um pouco tonto, mas isso torna as pessoas curiosas.

FROUXO

Se te mostrares frouxo,
Mais mole que um ovo,
E se andares coxo,
O pobre do povo,
No dia da angústia, clamando, "Que pena,"
A tua muita força será muito pequena.

A tua grande moleza
Querias tapada—
É como a fraqueza—
Não vai ignorada,
E o teu heroísmo que tu tinhas proposto
Apenas é mentira—vê-se no teu desgosto.

Ó não te desanimes,
Eu não te rejeito,
E nunca te inclines
A qualquer defeito—
O mal não é ser fraco, porque todos já somos—
Não somos tão capazes como tanto supomos.

Perante o teu medo
Constante, sem repouso,

Eu tenho o segredo
Da força, do gozo—
É descansar em Deus que te vai fortificando,
E não esquecer que eu estou sempre cá apoiando.

14 Mai 2020

"Se te mostrares frouxo no dia da angústia, a tua força será pequena." Provérbios 24:10

COVIL E NINHO

Cada campo, uma renda
De bilros, flor mais flor,
A papoila está tremenda,
Girassol, mas que cor.

Eu não vejo a raposa—
Onde está no covil?
Ela suavemente repousa,
Livre do ar hostil.

Cada pássaro num ninho—
Bem feitinho, seu lar—
É forrado de bom linho,
Flutuando no ar.

Toda a terra, criatura,
Assim se recolheu—
Cada casa, vestidura,
Sempre os protegeu.

Mas Jesus, onde reclina,
Neste vírus feroz?
Isto penso, desanima—
Está na rua a sós?

Onde pode pôr a cabeça,
Sem ter uma mansão?
Mas que disparate é essa?
Está no meu coração.

16 Mai 2020

"E disse Jesus: "As raposas têm covis, e as aves do céu têm ninhos, mas o Filho do Homem não tem onde reclinar a cabeça." Mateus 8:20

ARTESANATO

Isto tem um toque artesanal,
O produto é original—
É feito com a mão,
Conforme a tradição,
Tudo exclusivo, afinal.

Tenho muito gosto em fazer
Isto pela mão, com o prazer
De um artesão feliz,
Treinado de raiz—
O labor assim é quase lazer.

Com a pandemia não sei bem
Quem o quererá, quiçá alguém,
Pois cada um está
Aqui e acolá,
Desconfiados do que lá vem.

Eu preciso de um exportador—
Venham candidatos, por favor—
Alguém que sabe vender,
Que saiba promover
Peças únicas, o meu labor.

E na etiqueta escreverei:
Made in Portugal, sim, isso sei,
E no primeiro lote,
Lá dentro do pacote,
Minha esperança meterei.

18 Mai 2020

Os produtos artesanais portugueses são um valor a difundir, e desejo divulgar assim também os meus poemas. Penso que são valiosos, feitos à mão, de coração.

NÃO OBSTANTE

Não obstante, apesar, no entanto,
Ele ouviu, atendeu ao meu pranto.
Não obstante
O aperto que sentia,
Foi constante
O amor na agonia.

Não obstante o rebelde que eu era,
Evitou que caísse na cratera.
Não obstante
O meu desconhecimento
Ignorante,
Acertou meu andamento.

Não obstante eu estar tão cortado,
Ele chegou e fiquei abraçado.
Não obstante
Toda a minha triste história,
Adiante
Louvarei o Deus da glória.

20 Mai 2020

"Pois eu dizia na minha pressa: Estou cortado de diante dos teus olhos; não obstante, tu ouviste a voz das minhas súplicas, quando eu a ti clamei." Salmo 31:22

"Não obstante, ele os salvou por amor do seu nome, para fazer conhecido o seu poder." Salmo 106:8

"Aperto e angústia se apoderam de mim; não obstante, os teus mandamentos são o meu prazer." Salmo 119:143

SER HUMANO

Nem tudo ficou mal
Na quarentena.
Ficámos cada qual
Com muita pena,
Mas uma coisa tão boa
Surgiu em cada pessoa—
Ficámos mais humanos afinal.

Os dias de labor
E correria
Chupavam o sabor
De cada dia—
Só trabalhando, mais nada,
Até ao burro enfada—
São metas e mais metas com rigor.

Tivemos que parar
Por um bocado,
E cada patamar
Está escangalhado,
Mas no desnivelamento,
Eu vi um contentamento,
Com tempo para ser e para estar.

O burro tem de bom
O seu trabalho,
E está contente com
O seu migalho,
Mas se eu não me engano,
Há em cada ser humano
Um outro espírito, um outro dom.

Parados, vamos ver
Melhor a meta,
E só assim viver
Vida repleta,
E não é cada um por si,
Porque conforme eu aprendi,
Ao sermos humanos juntos, há prazer.

22 Mai 2020

Tal como comenta o meu amigo emigrante português, a vida de um burro é trabalhar, comer e dormir,
e assim se passa também às vezes com as pessoas.
Porém, durante a pandemia, parece que as pessoas
se tornaram mais humanas.

CARÊNCIA

Não há ninguém mais carente
Do que o outro, eu creio—
Há um mendigo que sente
Sempre a fome, o anseio
Por uma simples carcaça,
Pobre na sua desgraça.

Ao outro nem um tostão
Faz uma falta na vida,
Mas ele tem outra razão
Dessa tristeza sentida—
No coração o vazio
É um enorme desafio.

À vista, um é pedinte—
Outro não é atrevido,
Vivendo no seu requinte,
Com o vazio escondido,
Mas vejo a sua falta
Nas luzes lá da ribalta.

Eu ao mendigo dou pão,
Manteiga, com um sorriso.

Ao pobre de coração,
Dou-lhe o que for preciso,
Com amor alimentando
Um e outro, observando.

24 Mai 2020

Às vezes nos olhos das pessoas ricas, vê-se o pobre
vazio no seu coração. Há que observar, responder,
auxiliar, atendendo à sua carência.

FLOR SEM FRUGALIDADE

Flor, minha flor, florzinha,
Lá estás ali, sozinha.
Eu passo por ti na vereda—
És uma beleza de flor,
Vestida de papel de seda—
Que maravilha, essa cor.

Não existe frugalidade
Na tua simplicidade—
Não poupaste esforços, nada,
E no teu traje não há senão—
É tal beleza que agrada,
Mesmo estando só lá no chão.

Quase desapercebida,
Tão frágil, essa vida,
Mas sei que tudo vale a pena,
E vale a pena, sim, brotar—
A alma nunca é pequena,
Aquela que consegue amar.

O sol pode ir secando,
Pétalas desfolhando,
Murchadas num forte aguaceiro—

Florzinha, sim, pode ser assim,
Mas o que não é passageiro
É isto: amando sem fim.

26 Mai 2020

O amor é um deleite extravagante, e nunca um desperdício excessivo.

MAIS ARTE

Nem todo é poeta,
Nem todo é cantor,
Mas cada um completa
O canto de amor.

Àquele que é artista
Se pede inspiração,
E, sendo realista,
Artistas todos são.

A criatividade
Faz parte do nosso ser,
E, tendo a vontade,
A arte sabe bem fazer.

Pois Deus dá o talento
A cada uma parte,
E em qualquer momento
A vida pede mais arte.

Já nesta pandemia,
O mundo todo está
Carente de alegria—
Ó mundo, vamos lá.

A arte dá um sorriso
À vida que está triste—
Faz falta, é preciso—
Assim não se desiste.

Embora lá, criando,
Conforme Deus inspirar,
O mundo alegrando,
Pois isso é amar.

28 Mai 2020

Fomos criados na imagem de Deus o Criador, e cada indivíduo tem a capacidade de ser criativo. A arte, nas suas variadas facetas, alegra o mundo, e isso é amar.

O LEÃO

Viste o leão
Na rua? Que susto!
Têm razão—
Só saio a custo,
A custo da própria vida—
Eu não sou assim atrevida.

Não quero ser
A vítima morta—
Quero viver,
Pois o que importa
Provar que eu tenho coragem,
Se caio na rua selvagem?

Dizem que sou
Assim preguiçosa,
Mas eu não vou
Ser ambiciosa,
Se há um leão lá na rua—
Conta-me mais, continua.

O que não vale
É ir ampliando

Noções de mal,
E inventando,
Pois ontem só vi um gatinho,
E hoje há leões no caminho.

Eu quero estar
Melhor informada,
E evitar
Ficar assustada,
E com confiança eu saio—
Não vejo leão, nem desmaio.

30 Mai 2020

"Diz o preguiçoso: Um leão está lá fora; serei morto no meio das ruas." Provérbios 22:13

SE DEUS QUISER

Eu gosto desta vida do talvez,
Vivendo cada dia através
Da perspetiva que não sabe sequer
O que vai amanhã acontecer,
Pois isso é viver.

Se Deus quiser, eu vou estar por aí,
Senão, portanto, fico por aqui,
Pois esta vida é só um vapor
Que não prevejo, seja como for,
E isso é melhor.

Eu tenho gosto no eventual,
Imaginando tudo menos mal,
Sabendo que o vírus está no ar,
Desconhecendo quando vai passar,
E há que aguentar.

Não sei o que teremos no porvir,
E por enquanto há que discernir,
Pois temos hoje e não aquele além,
Que não dá garantias a ninguém,
E acho isso bem.

E, entretanto, tenho a vontade
De ir sonhando com a liberdade,
Que não é uma mera presunção,
Mas inteireza no meu coração—
Se Deus quiser ou não.

1 Jun 2020

"Eia, agora, vós que dizeis: Hoje ou amanhã, iremos a
tal cidade, e lá passaremos um ano, e contrataremos,
e ganharemos. Digo-vos que não sabeis o que acon-
tecerá amanhã. Porque que é a vossa vida? É um vapor que aparece por um pouco e depois se desvane-
ce. Em lugar do que devíeis dizer: Se o Senhor quiser,
e se vivermos, faremos isto ou aquilo. Mas, agora, vos
gloriais em vossas presunções; toda glória tal como
esta é maligna." Tiago 4:13-16

PELA JANELA

Espreito pela janela—
É o que se faz—
Esta tarde é tão bela,
E não sou capaz
De estar mais feliz do que isto—
É algo a que não resisto.

Quando eu era jovem,
Sem ter que sair,
Vezes já sem contagem,
A descontrair,
Aí à janela ficava,
A ver o que lá se passava.

Hoje a vida está cheia,
Não menos feliz,
E com volta e meia,
Perdi a raiz,
Mas hoje estou de volta plantada,
Aqui à janela, parada.

Sempre fui curiosa—
Há que observar

Cada coisa vistosa,
Também o vulgar,
E sendo assim, ir ganhando
Sensibilidade, espreitando.

Cá está tudo tranquilo,
Na rua, no chão,
Mas eu penso naquilo,
Na revolução,
Que lá nas cidades se passa,
Um choque violento na praça.

Sem o vidro tremendo,
Sem nada temer,
Eu agora entendo
Que o meu prazer
Não é tanto o que eu vejo,
Mas ter já a paz que desejo.

3 Jun 2020

Por cá a tarde era calma, apesar da pandemia e dos tumultos nas cidades, e eu coloquei-me à janela, apenas espreitando e ao mesmo tempo conhecendo uma imensa paz interior.

AMARELO

Amarelo é cuidado,
É tomando precaução.
Não se brinca com o fado—
Sim é sim e não é não,
Mas aqui no amarelo,
Não é feio, nem é belo.

Amarelo é cinzento,
Cor que nada pode fazer
Com o medo, o lamento,
De uma falta de prazer,
Estando só aqui no meio—
Não é belo, nem é feio.

Um sinal de esperança
Não se vê só numa cor,
Pois a alma não descansa
Com tamanho dissabor
Que se sente na pandemia,
Sem o verde que alivia.

Nem o verde será perfeito,
Pois não pode remediar
Cada alma e defeito,
Não podendo acabar
Com o tom de desespero

De um fim talvez severo.

E, portanto, o que acho—
Cada cor é tanto faz—
No vermelho já despacho
A buscar eterna paz,
E nas cores não alterno—
Só Jesus, que vive, eterno.

5 Jun 2020

Passando da fase vermelha para a amarela nesta
continuidade das restrições da pandemia, como se
faz hoje, e eventualmente para o verde, a nossa única
esperança e paz eternas é Jesus.

QUE ASSIM SEJA

Que assim seja,
Assim almeja
A alma, o corpo, a mente,
Assim sonhando
De vez em quando,
Por algo mais surpreendente.

Pois este alento
A ritmo lento,
Só deixa-nos a desejar
Um outro mundo
Maior, profundo,
E cansa-nos tanto esperar.

Por outro lado,
Bem ponderado,
O tempo é para remir.
São maus os dias,
Com agonias,
Mas nada nos pode proibir.

Então cantemos
E esperemos,

Com força e gozo e fé,
Amando tanto
Em cada canto,
Que já nos espanta até.

7 Jun 2020

"Remindo o tempo, porquanto os dias são maus." Efésios 5:16

VAMOS LÁ

Até logo, até já,
Até breve, sim, oxalá—
Neste mundo como está,
Não há previsão.

Qualquer dia hei de ter
O fantástico prazer
De saber e conhecer,
Com mais precisão.

Mas a culpa nunca é
Deste mundo que se vê,
Nem do vírus, nem até
Por outra razão.

Pois em dias como tais,
Quem nos dera saber mais,
Mas cuidado onde vais
Com o coração.

Não devemos só queixar
Deste mundo devagar,
Pois não vai acelerar
Plena perfeição.

Deus sabe tudo ao redor,
Hoje e seja quando for,
E já temos o amor—
Vamos lá, então.

9 Jun 2020

Podemos ficar inquietos e impacientes se o mundo
não anda como queremos, ou podemos permitir que
o amor nos inspire.

LÁGRIMA SALGADA

Não é uma doçura,
Essa gota no teu queixo,
Uma lágrima salgada.
Parece tão insegura,
Um descuido, um desleixo,
E tu dizes, "Não é nada."

Correndo pela cara,
Com a mão desaparece,
Essa lágrima desfeita.
A sensação não pára,
E já nem te apetece
Esta vida imperfeita.

A vida estava cheia,
Mas agora um vazio
Inundou-te no teu peito,
E quais grãos de areia,
O volume do desafio,
Que já quase perdeste o jeito.

É luta e é luto,
É dureza e tristeza,

Esta vida exigente.
Tu estavas resoluto,
Mas então essa firmeza
Ficou mole tão de repente.

Se queres ir chorando,
Chora tudo para fora,
O desgosto triste, salgado,
Mas hoje, tu dizes quando,
Pode até ser já agora,
Falaremos mais do fado.

11 Jun 2020

Para muitas pessoas, são dias de luta e de luto. Eles querem chorar, e eu persisto em cuidar.

ACHEGA-TE

Achega-te, não te afastes,
Achega-te de coração,
E por aí vê que não gastes
O dia em grande distração,
Puxando até ao cansaço,
Sem serenidade, nem um traço.

Se falam aí de um sonho,
Um sonho feliz, delirante,
Será afinal enfadonho,
Imundo e irrelevante,
Pois há falsos sonhos no mundo,
E não ligues por um segundo.

Eu não quero dar-te um susto,
Mas vê o que estás a temer,
Pois tudo terá o seu custo,
Que chupa de ti o teu ser,
E Deus é o único digno
De te proteger do maligno.

E qualquer prazer que procuras,
Querendo provar o sabor,
Resultará em amarguras,

Se não sabe ao puro amor
Do Deus que em tudo na vida
Te ama, te guarda, te cuida.

Achega-te e não demores,
E anda com Deus como tal,
Sabendo que onde tu fores,
No alto ou mesmo no vale,
Deus lá permanece amando,
Além do que estavas sonhando.

13 Jun 2020

"Após o SENHOR, vosso Deus, andareis, e a ele temereis, e os seus mandamentos guardareis, e a sua voz ouvireis, e a ele servireis, e a ele vos achegareis." Deuteronómio 13:4

ESTÁS CONTENTE?

Queixaste da bifana,
Querendo antes umas costeletas,
E tens a cataplana
Tão cheia de mariscos, que completas
O dia assim degustando
As sobras de hoje, mastigando.

Parece que tens sustento,
Pois cheira sempre bem à tua mesa,
Com cada alimento,
E dizem que também houve sobremesa—
Se foi arroz doce com canela,
De certo papaste a tigela.

A marca da camisa
É o que sobressai, e os sapatos,
E mais ninguém precisa
De duvidar, com mil e um boatos
Do fato que veio de França—
A pobre carteira não cansa.

Se queres ver a hora,
Consultas o Rolex ali no braço,
E logo vais embora,

Querendo preencher assim o espaço
Com mais umas peças de roupa,
Gastando de vento em popa.

E com a noite caindo,
Pergunto: Estás contente com esta vida,
Comendo e vestindo
Melhor que muitos nesta triste lida,
Ou falta-te sempre um pouco?
Cuidado, senão ficas louco.

15 Jun 2020

"Tendo, porém, sustento e com que nos cobrirmos, estejamos com isso contentes." I Timóteo 6:8

DESPEDAÇADO

Foste despedaçado em pedaços?
Toma cada parte de ti e vem,
Mesmo que doridos os teus passos—
O destino vai saber tão bem,
Onde sarará essa ferida,
Dando seu fulgor à tua vida.

Em dois dias, hás de ter alento,
Ao terceiro dia já vais ver
Que cada pedaço e fragmento
Ressuscitará para viver
Mais que nunca, tendo acabado
O que estava tão despedaçado.

Tal como o sol no oriente,
Tal como a alva matinal,
Como cai a chuva forte, fluente,
Encharcando bem o pantanal,
Tal será enfim essa chegada
Antes já prevista, esperada.

E enquanto tarda, prossigamos
No conhecimento e na fé—
Vem comigo, juntos conheçamos

Deus, o Deus que nos conhece até
Mais do que nós já reconhecemos,
E vivificados, viveremos.

17 Jun 2020

"Vinde, e tornemos para o SENHOR, porque ele despedaçou e nos sarará, fez a ferida e a ligará. Depois de dois dias, nos dará a vida; ao terceiro dia, nos ressuscitará, e viveremos diante dele. Conheçamos e prossigamos em conhecer o SENHOR: como a alva, será a sua saída; e ele a nós virá como a chuva, como a chuva serôdia que rega a terra." Oseias 6:1-3

GUARDA O QUE TENS

Ontem não foste campeão—
Por muito não és o mais forte,
Por pouco escapaste à morte—
Dou um aplauso ou não?

O que quiçá tu não viste,
É como tu foste vencedor,
Sem grande atenção, esplendor,
Pois nunca mais desististe.

Hoje o que vejo em ti
É o que tu sempre guardaste,
E o que tu nunca negaste—
Deus vê mais do que eu vi.

E afinal saíste bem,
Fugindo à força do mal,
Mantendo-te firme afinal,
Temendo Deus, mais ninguém.

Uma coroa no céu
É tua—Deus encomendou,
Apenas porque te amou—
Pensa no que já é teu.

19 Jun 2020

"Tendo pouca força, guardaste a minha palavra e não negaste o meu nome." Apocalipse 3:8

A ALMA GENEROSA

A alma generosa
Não passa qualquer fome—
Parece tão milagrosa
A falta que consome,
E sobra energia,
Com muita alegria.

Vai dando sem ter menos,
E sempre fica mais—
À alma são pequenos
Os gestos aos demais,
Mas tudo é sobejo,
Além do meu desejo.

E onde for regando,
O solo bebe, contente,
Pois nunca vai passando
Sem qualquer nutriente,
Alegre, absorvendo
As águas lá correndo.

A rega doce e pura
Que uma vez se fez,
Regressa, assegura,

Mais água outra vez
À alma de bondade
E generosidade.

A alma que conheço,
Que uma vez tocou
A minha, não me esqueço,
Com tudo o que sou,
Pois é inspiradora—
Farei assim agora.

21 Jun 2020

"A alma generosa engordará, e o que regar também
será regado." Provérbios 11:25

HUMILDADE

Hoje não é o meu dia,
Precisamente porque é teu.
Eu de certo podia
Fazer com que tudo fosse meu,
Mas eu não sou nada no fundo—
Apenas resido no mundo.

Com poder e vontade,
Há muito que posso fazer,
Mas é simplicidade
Pensar que eu posso trazer
Um brilho diferente ao planeta—
Se penso assim, sou pateta.

Sinto a ameaça
De um vírus pequeno e forte,
E enquanto não passa,
Contemplo a própria morte—
A vida está ameaçada,
E vê-se que eu não sou nada.

Não é estar deprimido,
Não ser nada superior,
E viver submetido

Aos outros aí ao redor—
Só quero honrar-te, amigo,
E com humildade eu prossigo.

23 Jun 2020

"Nada façais por contenda ou por vanglória, mas por humildade; cada um considere os outros superiores a si mesmo." Filipenses 2:3

SOL DE SAUDADE

O sol é o mesmo aqui,
Um velho amigo que espreita
Ali, nas alturas, no ar,
Um rosto que já conheci,
A cara feliz, quase perfeita,
Com raios de brilho solar.

O céu é em tudo igual—
É ar sobre tudo suspenso,
Aqui, acolá, é o céu,
E faz-me sentir menos mal,
Mas mesmo assim sempre penso
Num fado tristonho, o meu.

Pois este azul é a cor
De sonhos e de descobertas,
Do gosto que é conhecer
O puro e rico amor
Em belas paisagens abertas,
E isso assim é viver.

Eu falo da minha saudade
Do sol e do céu portugueses,
Que pairam na costa oeste,

E folgo com tal amizade
Que já me brindou tantas vezes,
Tão suave e nunca agreste.

Eu sei, pelo sim, pelo não,
Que quando se é emigrante,
O sonho saudoso sabe bem,
E quando no meu coração
Faz falta o céu tão brilhante,
Eu sei que Deus está cá também.

25 Jun 2020

O sol tão brilhante, o céu tão azul, são esses os amigos da minha saudade, pois em Portugal são tão encantadores.

O ROSTO DE DEUS

Parece que está quieto—
Não há nada a fazer—
O mundo está repleto
De lacunas de prazer,
Ou seja, de aberrações
De gostos, e estranhas noções.

Se Deus está calado,
Que faremos nós, então?
Que lástima, que fado,
E que inquietação,
Ficando sem ver nada bem,
Fazendo o que nos convém.

Se encobrir o rosto,
Não podemos contemplar
O tom do seu desgosto
Que nos veio abalar—
A culpa é nossa, não é,
Tão desarraigados, sem fé?

Bem, esta perspetiva
Tem razão mas traz error,
Pois há alternativa,

Que até pode ser melhor,
E quando Deus está a calar,
Ele nunca desiste de amar.

A nossa parte, portanto,
É seguir tal como Jó,
Sabendo que no pranto,
Na tristeza e no dó,
Devemos apenas buscar
O rosto de Deus e louvar.

27 Jun 2020

"Se ele aquietar, quem, então, inquietará? Se encobrir o rosto, quem, então, o poderá contemplar, seja para com um povo, seja para com um homem só?"
Jó 34:29

MAIS DOCE

Mais doce que o mel,
Melhor que aquele
Que estava aí a provar,
Gostoso, sabe bem,
E não há ninguém
Que tenha melhor paladar.

A mim me parece
Que não apetece
Um outro salgado qualquer—
Este mel é melhor,
Pois dá-me fulgor,
E vem adoçar o meu ser.

Um doce natural
Que não me faz mal,
E não me dá cabo aos dentes,
É bom de raiz,
E sempre me diz
Que posso ter dias diferentes.

Comida não é,
Mas vivo até

Por isto mais que pelo pão—
É doce e é bom,
Trazendo o dom
Da vida ao meu coração.

29 Jun 2020

"Oh! Quão doces são as tuas palavras ao meu paladar!
Mais doces do que o mel à minha boca." Salmo 119:103

A TUA BOCA

Deus está nos céus, e tu aqui estás
Na terra, ou seja, no chão.
Nem tudo o que dizes é tão folgaz—
Vai, não digas tanto, então.

Não te precipites com o teu falar,
Nem mandes com o coração,
Pois convém às vezes simplesmente calar
A boca da obstinação.

Eu ralho um bocado só para bem—
É pura a motivação,
Querendo só poupar-te como alguém
Que usa muito o calão.

Tu não és perito para discernir
A causa, a explicação,
Desta pandemia ou qualquer porvir,
E guarda a opinião.

Deus não é malvado e quer atender
À tua preocupação,
Mas merece respeito—dá-lhe o teu ser
E completa adoração.

1 Jul 2020

"Não te precipites com a tua boca, nem o teu coração se apresse a pronunciar palavra alguma diante de Deus; porque Deus está nos céus, e tu estás sobre a terra; pelo que sejam poucas as tuas palavras." Eclesiastes 5:2

PROFUNDAMENTE ESTRANHO

É tudo profundamente estranho,
Mas já me parece tão normal,
E qualquer das formas eu ganho
Um gosto que supra o mal.

Pois sei que o mal é finito,
E sempre terá o seu fim—
Enquanto tardar eu repito:
O gozo persiste cá em mim.

O mundo não está acabado,
Mas algo de certo morreu,
E estamos na mira de um fado
Tão estranho que se sucedeu.

Os velhos costumes não os temos,
As festas lá desde então,
Mas mesmo assim não perdemos
Os pontos de exclamação.

Só há que ser mais criativo,
E ver que o bem, sim, existe
No gozo de Deus, efusivo,
Que sofre e nunca desiste.

3 Jul 2020

A vida mudou com o coronavírus, mas temos que dar a volta às circunstâncias com uma atitude confiante em Deus.

SAUDADE EM PORTUGUÊS

*Poema declamado via Instagram Live no V Festival
de Poesia de Lisboa 2020*

Eu só falo português porque calhou—
Não sou nada, nem melhor e nem pior—
Se não falas português, nada falhou,
E não penso que tu és inferior.

Eu não sei como será não ter saudade,
Ou será que tens saudade mas sem saber,
E aguentas com a força de vontade
Que oculta sentimentos no teu ser?

Para ti, há o passado e presente,
E futuro, e tu pensas que está bem,
Mas em português não é tão indiferente,
Numa mescla de anseios que convém.

Pois com tais anseios venho a sentir
O valor da vida toda de uma vez,
Recordando, com vontade de persistir
No amor e na saudade em português.

Vem comigo e observa como é

Ter saudade e o eterno oxalá,
Pois em todo este fado tenho fé
De que Deus em tudo sempre amará.

5 Jul 2020

Só em português sentimos saudade, mas podemos partilhar essa perspetiva com humildade.

MAÇÃS DE OURO

Ao dizer que te dou uma pêra,
Seria um pouco frontal,
E um dito assim acelera
Um soco e mal sobre mal,
Mas pêras são peças de fruta,
Portanto, não vamos à luta.

Pronto, isso foi só brincadeira,
Querendo fazer-te pensar,
Pois eu quero de alma inteira
Brindar-te com bem e ousar
A dar-te alguma riqueza
Melhor do que está lá na mesa.

Que tal uma salva de prata,
Coberta com umas maçãs
De ouro, a arte tão sensata,
Tão lindas, mas sem serem vãs,
Pois cada maçã é um dito
No tempo que se vê bonito.

E assim a oferta é bela,
O lote de maçãs que se vê—

São de ouro, e cada apela
À vida—eu digo porquê:
Em cada maçã, uma dica
Que fortalece e dignifica.

7 Jul 2020

"Como maçãs de ouro em salvas de prata, assim é a palavra dita a seu tempo." Provérbios 25:11

EDDIE

"Eu gosto deste trabalho,"
Disse, de olhos tão sinceros.
"Às vezes sei que falho,
Mas eu faço porque quero,
Eu quero ser tudo que sou,
Na vida que só começou."

O homem não disse tanto,
Foi apenas uma linha—
Eu via entretanto
A vantagem que ele tinha,
Pois sendo tão deficiente,
Ele não era menos contente.

Com gosto trabalhando,
E de farda encarnada,
Aos poucos foi limpando
O balcão, e mais que nada,
Saudava a cada qualquer,
Espalhando o seu grande prazer.

Meu único lamento,
Estando eu ali ao lado,

Foi não haver momento,
Com o rosto tão tapado,
De dar um sorriso feliz,
Mas Eddie já sabe que o fiz.

9 Jul 2020

Entrei ontem numa loja de conveniência onde havia um trabalhador com síndrome de down. Ele tratava de limpar cuidadosamente o balcão, saudando aos colegas, felicíssimo. Olhou para mim e, por detrás da sua máscara, disse, "Eu gosto deste trabalho."

RESISTINDO

Coração tão delicado,
Estás ali a existir.
Esta vida é um fado,
Mas tu podes resistir,
Com a tal delicadeza
Que tu tens, tenho certeza.

Este mundo é incerto,
Pois o coração conhece
A dificuldade por perto,
E às vezes apetece
Conformismo, derrotismo,
Num eterno pessimismo.

E, enquanto existindo,
Com o mundo a teus pés,
Não te percas, desistindo
Da pessoa que tu és,
Pois existe um bom caminho,
E não tens que ir sozinho.

Vai, não penses na derrota,
Não te desanimes, não—

Sobe e voa, qual gaivota
Que nem olha para o chão,
Resistindo ao momento
Tão tristonho, turbulento.

Mas se queres ter sucesso,
Resistindo, sendo mais,
Guarda sempre o apreço,
Nas alturas onde vais,
Pelo Deus que te sustenta,
Pois sem ele, ninguém aguenta.

11 Jul 2020

"Correrei pelo caminho dos teus mandamentos, quando dilatares o meu coração." Salmo 119:32

TRÊS GAIOS-AZUIS

Três passarinhos—
Não se sabe bem,
Se zangadinhos,
Pois, quem é quem?

Todos pulando,
Só a brincar—
Quiçá ralhando,
Os três no ar.

Quais os motivos
Entre os três,
Todos activos,
De lés a lés?

É amizade,
Competição,
Inimizade,
Celebração?

Não sei quase nada
De cada um,
Dessa charada,

Como costume.

Estando no piso,
Sou ignorante—
Nem com bom siso
Vejo avante.

E estes gaios
Da cor do céu
Escrevem ensaios—
Quem entendeu?

13 Jul 2020

Vi três gaios-azuis juntos nas árvores, no ar, uma ra-
ridade. Não sabia se estavam felizes ou num outro
frenesim, tal como há muita coisa que não sei nesta
terra.

VAMOS LÁ VER

Vamos lá ver—
Logo se vê
Que falta visão.
Não sei dizer,
Nem se prevê
Qualquer conclusão.

É tanto faz
O que se sente,
E fico assim.
Não sou capaz
De ser diferente,
Com tudo em mim.

A vida está
Cada vez mais
Assim inconstante,
E quem está lá
Se tal e tais
Vão lá adiante?

Tudo perdi,
Nem penso bem,

E eu quase nem sei,
Mas entendi
Que sou alguém
No que alcancei.

Mais do que tal,
Este disparate
E grande confusão,
Eu não vou mal,
Pois no combate,
Existe coração.

15 Jul 2020

Na imensidão de confusão destes dias, há que manter intactos a cabeça e o coração.

EM CASA COM MEDO

Onde está o medo que tu tinhas?
Bateu com a porta sem rasto qualquer.
Entretanto, tu nem adivinhas
Se a qualquer dia vai aparecer,
Mas tens lá a porta trancada,
E vives sem medo de nada.

Vives lá sozinho com cautela,
E é a cautela que vela por ti.
Dormes sossegado porque vela
Aquela cautela contigo ali,
Mas tens um descanso suspeito
De não ser assim tão perfeito.

Atemorizado, lá sozinho,
Não queres ir à rua, mas dizes: "Estou bem."
Pensa lá melhor um bocadinho,
E vê se te falta um outro alguém,
Alguém que te guarda e cuida
De forma melhor sucedida.

Abre lá a porta e confia,
Sem medo de nada, podendo sair.

É Jesus que quer ser o teu guia—
Não temas, portanto, já podes sorrir,
Com uma enorme confiança—
Atreva-te, vive e descansa.

17 Jul 2020

Podemos viver isolados numa ilusão, pensando que não temos medo, quando devíamos, antes, abrir a porta, permitindo que Jesus cuide plenamente de nós.

AMOR, GOZO, PAZ

Amor, gozo, paz—
Imagina o impacto,
E com tal cabaz
Este cesto está intacto,
Repleto de fruto, tão cheio—
Assim é a vida, eu creio.

Eu quero viver
Neste gozo infalível—
É como morder
Um sabor apetecível—
Assim é o gozo profundo
Que bem alimenta o mundo.

Com paz incomum,
É gostoso cada fruto,
E não há nenhum
Que não sente o seu produto,
Tornando a vida mais plena
Em vez do picante que condena.

Mas é o amor
No meu cesto, o primeiro,

Pois tem um sabor
Tão divino, e um cheiro
Que vem preencher cada canto
Com fruto do Espírito Santo.

18 Jul 2020

"Mas o fruto do Espírito é: amor, gozo, paz . . ." Gálatas
5:22

FAZER PRAIA

Não vou fazer praia—
Eu fico por cá,
A ver o que dá.
O mundo desmaia,
Com falta de ar—
Quem quer passear?

Mas espera um pouco—
Respira-se bem—
Quem quer vir, alguém?
Não quero ser louco,
Mas quero fugir
E descontrair.

Assim é a vida—
É para viver
E reconhecer
Que cada partida,
Ao mar ou ao monte,
É um horizonte.

Há riscos em tudo,
No potencial

Do bem e do mal,
E quero, contudo,
Viver com fervor
Aonde eu for.

Pois ó quem me dera
Pular com os pés
No mar outra vez,
E quando se espera
O fim, começou—
Deus queira, lá vou.

19 Jul 2020

Aguarda-se, arrisca-se, alcança-se, com Deus adiante.

FIEL

Há palavras que caiem em desuso,
Não por falta de significado,
Nem por mera frouxidão.
Há momentos em que fico confuso,
Quando o mundo está calado,
Sem sentido, sem razão.

A fidelidade não está na moda,
E fiel persiste aí sem rima,
Sem um par qualquer sequer.
A falta da palavra incomoda,
Estar atado sempre desanima,
Sem folga para viver.

Então o ser fiel é um desgosto,
Deita-se o termo para fora,
E fiel já não se diz,
Mas eu por mim mantenho no meu rosto
Aquele olhar, este que dou agora:
Sou fiel e sou feliz.

28 Jul 2020

A palavra Fiel não tem rima, e é descartada, tanto na poesia como na vida das pessoas, como se fosse um aperto indesejável. Mas não é assim, pois a fidelidade é uma alegria.

ASSIM E ASSADO

Assim e assado,
Assim vai o fado,
Assim vai o fado em mim.
A vida é bela,
E tudo revela
Que gosto do fado assim.

Não digam: "Coitada,
Não sabe de mais nada,
Não sabe que o fado é triste,"
Pois eu estou ciente,
E tenho na mente
A força que nunca desiste.

E há um segredo:
Eu não tenho medo,
Eu não tenho qualquer pavor,
Pois a cada dia
Há mais alegria
Num fado de puro amor.

Não sou uma tonta
Na estranha afronta

De um fado que vive a sorrir,
E dou-te a pista:
Meu Deus é fadista,
Em tudo que estou a sentir.

1 Ago 2020

O fado é salpicado por felicidade pela alegria sobera-
na de Deus.

SOL DE POUCA DURA

Há sol de pouca dura no verão,
E sol que dura pouco não aquece.
Eu penso que a sombra tem razão—
De vez em quando também apetece.

O mal é se faz falta o calor,
E cada nuvem teima em ficar,
Então é quando paira o amor,
Qual sol que só persiste no seu brilhar.

Não temas se a chuva vir depois,
Com lágrimas que molham o que há,
Pois digo, digo um e digo dois,
E três, então o sol lá voltará.

08 Ago 2020

Às vezes o sol é substituído por uma sombra no ar,
mas o amor sempre abunda.

334

AS CIGARRAS

Hoje como sempre madruguei,
Mas nada na vida é banal,
E cada manhã é desigual.
Desde as alturas escutei
A grande sinfonia a tocar,
O toque das cigarras a cantar.

Cada cigarra quer dizer:
"Prevê-se um dia de calor,
O sol aquecendo com rigor,"
Mas o que não se pode prever
É todo o amor o dia traz—
A cada cigarra tanto faz.

Isso depende mais de mim,
Amando num dia de verão,
Além do calor da previsão,
E às cigarras digo sim,
A grande sinfonia começou,
E hoje, em amor, cantando vou.

15 Ago 2020

O canto das cigarras coincide com o calor e apela ao amor.

A BANDA SONORA DO MAR

Quais ondas, qual banda sonora,
É o que escuto agora,
E vem inundar o meu ser.
A banda lá toca com garra,
Mas mais que o som da guitarra,
O mar sabe cantar e viver.

Ó onda, não vás tão depressa—
Mais cedo, mais tarde, regressa,
E canta de novo aqui,
Pois sei que o mar não tem falta
De ritmo, e com maré alta,
É essa paixão que senti.

O som de amor poderoso
É o que escuto com gozo,
Enquanto o mar lá cantar.
As ondas conhecem a vida,
E quero estar submergida
Nas ondas, pois quero amar.

28 Ago 2020

Havia um bar ao pé da praia com música ao vivo, e quando cheguei mais perto da água, a música ouvia--se menos enquanto que as ondas faziam a sua própria banda sonora, suave e forte.

SER CRIATIVO

O ser criativo é mais
Do que isto—
Uns gestos talvez imortais,
E insisto:
Deus escreve o seu fado em mim,
E o que ele faz não tem fim.

O ser criativo não deve
Buscar fama,
Pois cada palavra que escreve
Só proclama
Que Deus é a inspiração
Do fado do meu coração.

O ser criativo é bom,
É um gosto,
Um fado, um canto, um som
Que foi posto
Por Deus, que só canta amor,
E sabe o meu fado de cor.

18 Set 2020

Ser criativo é um deleite do coração, uma vida que vem de Deus.

DEUS DÁ NOZES

Se Deus dá nozes
A quem não tem dentes,
Quais são as vozes
Que ouves e sentes,
Tão duras que dói mastigar——
Será que Deus quer castigar?

Se cada dia
É mais uma dor,
Com agonia,
Tão vil o tambor
Que bate no teu peito sem fim—
Será que Deus ama assim?

Se Deus não deixa
De ser quem ele é,
Qual é a queixa
No meio da fé?
Talvez só a falta em mim
De não entender mais assim.

Se Deus é justo,
Amável e bom,

Não me assusto,
Se escuto um som
Tão duro que vou desmaiar—
Só quero enfim confiar.

25 Set 2020

O povo diz: Deus dá nozes a quem não tem dentes.
Mas pensemos, e não duvidemos do seu amor.